Klaus Christa

«Denn das Leben ist eine zu köstliche Sache»

Impressum:

1. Auflage 2011, 1.000 Exemplare

www.bucherverlag.com

Lektorat: Peter Natter
Gestaltung: Theresia Ludescher
Druck: BUCHER Druck Verlag Netzwerk, Hohenems
Printed in Austria

ISBN 978-3-990180-92-1

Klaus Christa

«Denn das Leben ist eine zu köstliche Sache»

Die Lebenskunst des Joseph Haydn

BUCHER

Dem Andenken meiner Mutter
Anneliese Christa (1933–2011)
in tiefer Dankbarkeit

Inhaltsverzeichnis

4 Haydn lieben
8 Der Einstein der Wiener Klassik
14 Familie
22 Der Komponist der Entwicklung
26 Haydns Unterlippe
30 Menschen führen
34 Haydns Lächeln
36 Dem Leben dienen
40 Humor
46 Selbst-Bewusstsein
50 Haydns Gärtlein
56 Freundschaft
64 Freiheit, Gleichheit, Brüderlichkeit
68 Haydns Geheimnis
76 Seelentiefe
78 Weisheit des Abschieds
86 Spielen
88 Rhythmen
92 Ein Leben in Jahreszahlen
95 Werkverzeichnis
96 Bibliografie, Bildnachweis
97 Danksagung, Mangaung String Programme
98 Ein Leben in Quartetten
100 Haydn aufnehmen
104 Interview mit Christine Busch
108 epos:quartett
110 Die Musikerinnen und Musiker

Tanze, mein Herz,
tanze heiter mit Freude.
Die Melodien der Liebe
füllen Tage und Nächte
mit Musik,
und die Welt
lauscht ihren Melodien.
Außer sich vor Freude
tanzen Leben und Tod
zu den Rhythmen dieser Musik.
Die Hügel tanzen,
es tanzt die See und die Erde.
Die Welt der Menschen
tanzt in Lachen und Tränen.
Warum das Gewand des Mönchs anziehen
und leben weitab von der Welt
in einsamem Stolz?
Siehe!
Mein Herz tanzt
im Entzücken von hundert Künsten,
und der Schöpfer
ist es zufrieden.

Kabir

Haydn lieben

Ich liebe Überraschungen. Eine der größten Freudenquellen meines Lebens sind jene angenehmen Momente, die völlig unerwartet mein Leben bereichern. Die Freude kann klein und unscheinbar sein – der Umstand, dass sie völlig unerwartet in mein Leben schlich, macht sie für mich immer zu einer großen Kostbarkeit.

Diese Liebe zu Überraschungen führt mich zum Komponisten Joseph Haydn: Er mochte Überraschungen, er liebte es, seine Hörer durch kleine, unvorhersehbare Wendungen in dankbares Staunen zu versetzen.

Haydns Leben erschließt sich durch eine sehr spannende Quellenlage. Zusätzlich zu seinen Briefen, Notizen und einer sehr kurzen autobiografischen Skizze existieren drei Biografien, die aus persönlichen Begegnungen von drei Zeitzeugen mit Joseph Haydn entstanden sind.

Der sächsische Gesandtschaftssekretär Georg August Griesinger begleitete Haydn als Helfer und Vertrauensperson in den letzten zehn Jahren seines Lebens, der Landschaftsmaler Albert Christoph Dies entdeckte Haydns Welt in 30 Besuchen beim Komponisten zwischen 1805 und 1808, und der italienische Librettist und Dichter Giuseppe Carpani, der dritte Biograf, zählte sich auch zu Haydns Freunden und Verehrern.

Während G. A. Griesinger sich Haydns Biografie ohne wirkliche Freude am Erzählen mit trockener Verlässlichkeit widmet, nähert sich A. C. Dies dem Komponisten in 30 lebendig und sehr persönlich erzählten Besuchen. Dialoge zwischen Haydn und A. C. Dies entfalten sich vor uns, wir begleiten den «Interviewer» A. C. Dies vier Jahre lang in Haydns Haus, erleben die Gebrechen ebenso wie die Freuden der letzten Lebensjahre des Komponisten sehr lebendig mit.

G. Carpani, der selbst ein hervorragend gebildeter Kunst- und Musikliebhaber war, ordnete das Leben und Werk in 13 poetischen, leidenschaftlichen Briefen an einen fiktiven Freund in die Kunstgeschichte des 18. Jahrhunderts ein – in dieser Biografie treffen wir auf einen engagierten Musikkenner, der uns ein lebendiges Bild der Kunstwelt seiner Zeit vermittelt. G. Carpani deutet und reflektiert, er plaudert und predigt – er ist ebenso Interpret wie Informant.

Die intensive Auseinandersetzung mit diesen Quellen, ergänzt durch Haydns Briefe und Notizen, beschenkte mich mit einer fruchtbaren Erkenntnis: Haydn hatte ein ausgeprägtes Talent, das Leben glücklich zu bewältigen.

Der wohltätige Einfluß der Frühlingsluft war in Haydns ganzem Wesen zu bemerken, so schreibt A. C. Dies über den 75-jährigen Haydn, sein Geist, der beim vorigen Besuch mit dem Tode heroisch vertraut schien, ließ sich heute gefallen, sein Leben im lebenden Körper zu preisen. Ich wünschte dem guten Vater Haydn langen Genuss solcher Tage und Jahre. «Nur nicht auf die Kosten Ihres eigenen Lebens», antwortete er, «wie so viele Personen zu tun pflegen, indem sie versichern, sie würden mit Freuden ihr eigenes Leben verkürzt sehen, wenn das meinige dadurch verlängert werden könnte. Ich kann das nie glauben und leiden, denn das Leben ist eine zu köstliche Sache.»

Diese dem Leben liebevoll zugewandte Haltung war ein wesentlicher Charakterzug Haydns. So groß die Herausfor-

Joseph Haydn

derungen auch sein mochten, Haydns Leben schien immer zu fließen.

Eine Frage zog mich immer mehr in ihren Bann: Was befähigte den Menschen Haydn, all die Fragen, die das Leben ihm stellte, so leichtfüßig, elegant und ehrlich zu beantworten? Zudem interessierte mich, wie es ihm möglich war, ein so umfangreiches und hervorragendes kompositorisches Werk zu schaffen.

Diese Recherche war ebenso spannend wie mitreißend. Joseph Haydns Geheimnis erschließt sich nicht dem ersten Blick. Wenn wir aber die Geduld aufbringen, genauer hinzusehen, entdecken wir eine lebendige, vielschichtige, runde Persönlichkeit.

Dieses Buch verzichtet bewusst auf eine chronologische, systematische Vorgehensweise. Augenblicke, Gedanken, Geschichten und Reflexionen sollen ein Netz knüpfen, das eine Ahnung von einem Leben der Fülle vermittelt. Ergänzend wollen wir auf einer CD mit drei repräsentativen Streichquartetten dieses Leben musikalisch darstellen. Die CD als wesentlicher Bestandteil des Buchprojekts stellt ein besonderes Anliegen meiner Arbeit dar. Manche Kapitel beziehen sich inhaltlich auf einen bestimmten Satz der CD. Einigen Kapiteln ist ein Satz aus einem Quartett zugeordnet, in diesen Fällen fand ich die Musik besonders passend zur Atmosphäre des jeweiligen Textes.

Jede Auseinandersetzung mit dem Leben und der Lebenskunst eines Menschen verweist uns letztendlich auf uns selbst. Die Beschäftigung mit dem Leben des anderen ist immer eine Beschäftigung mit dem Leben selbst. In diesem Sinne hoffe ich, mein Buch möge einiges mit Ihnen und Ihrem eigenen Leben zu tun haben.

Ich wünsche Ihnen, dass Sie sowohl persönliche Fragen wie auch mögliche Antworten in diesem Büchlein finden. Außerdem, so hoffe ich, soll ein wenig von meiner Begeisterung für den Komponisten, aber vor allem für den Menschen Joseph Haydn auf Sie überspringen!

Klaus Christa

Der Einstein der Wiener Klassik

«Junge Leute werden an meinem Beispiel sehen können, dass aus dem Nichts doch etwas werden kann; was ich aber bin, ist alles ein Werk der dringendsten Not.»

Joseph Haydn [zitiert nach G. A. Griesinger]

Die Bedeutung Haydns für die musikalische Entwicklung in der Wiener Klassik kann mit der Rolle Albert Einsteins in der modernen Physik verglichen werden, so dramatisch und wichtig sind die Erneuerungen und Entwicklungen, die die Musikgeschichte ihm verdankt. Sein Beitrag zur Musik darf durchaus als «musikalische Relativitätstheorie» bezeichnet werden. Er war ein Pionier, ein Erneuerer. Wenn wir an diese Rollen denken, neigen wir dazu, uns tollkühne, verwegene Menschen vorzustellen; das Bild Beethovens etwa passt viel besser zu dieser Rolle, Beethoven verkörpert dieses Klischee. Und schon sind wir mitten im Thema: Was bedeutet es, wenn dieser radikale Erneuerer ein «normaler» Mensch ist, eine zufriedene, dankbare, freundliche Person? Eine Person, der wir alles zutrauen, nur keine bahnbrechenden Veränderungen? Was ist, wenn dieser Einstein der Musik ein loyaler Diener seines Herrn war? Keine Dramen? Keine Skandale? Gibt es da etwa ein besonderes Geheimnis? Ein erfülltes, äußerlich völlig unspektakuläres Leben, das ein spektakuläres Lebenswerk hervorgebracht hat: Wie geht das? Ein Lebenswerk, das im beginnenden 21. Jahrhundert immer noch in seiner Tiefe, Leidenschaft, Radikalität und Großartigkeit entdeckt wird!

Joseph Haydn war das Genie des Unscheinbaren, ein Revolutionär in der Konvention. Haydn war als Komponist Autodidakt, daran besteht kein Zweifel. Er konnte sich einen Kompositionslehrer ganz einfach nicht leisten. Einige Stunden bei Nicola Porpora waren die einzige Unterweisung, die er je erhielt. Es ist bezeichnend für ihn, dass er sich an die wenigen Stunden Unterricht äußerst dankbar erinnerte:

Da ich endlich meine Stimme verlor, musste ich mich ganzer 8 jahr kummerhaft herumschleppen (N.B. durch dieses Elende brod gehen viele genien zu grund, da ihnen die zeit zum studieren manglet) die Erfahrung trafte mich leyder selbst, ich würde das wenige nie erworben haben, wan ich meinen Compositions Eyfer nicht in der nacht fortgesetzt hätte, ich schriebe fleissig, doch nicht ganz gegründet, bis ich endlich die gnade hatte von dem berühmten Herrn Porpora die ächten Fundamente der sezkunst zu erlehrnen.

Haydn hatte Porpora vor allem als Assistent im Gesangsunterricht zur Seite zu stehen. Porpora behandelte ihn schlecht und die wenigen Stunden, die Porpora Haydns Kompositionen widmete, können kaum als ernsthafter Unterricht bezeichnet werden. Was heißt es, Autodidakt zu sein? Wie lernen wir, wenn wir uns leidenschaftlich dem nähern, was wir wirklich lieben? Auf diese Fragen gibt Haydns Leben starke und kräftige Antworten.

Der Freund und Biograf G. Carpani schreibt über den jungen Haydn:

Mozart komponiert im Alter von 12 Jahren eine Oper, und Telemann spielte in diesem Alter alle möglichen Instrumente und war schon ein guter Kontrapunktiker. Weniger glücklich als jene, schrieb Haydn im selben Alter ohne Anleitung oder irgendwelche Anweisungen eine Messe für vier Stimmen mit sechzehn Orchesterpartie und er sagte mir selbst, daß er damals noch nicht einmal gewusst habe, wie man zweistimmig schreibt, und daß ihn der gute Reutter, dem er seine Arbeit zu zeigen gewagt hatte, durch seinen Spott dazu brachte, das einzusehen.

Der zwölfjährige Haydn war nicht entmutigt, ganz im Gegenteil. Beim Studium der Partituren anderer Komponisten überzeugte er sich von der Richtigkeit der Reutterschen Ansichten. Bemerkenswert scheint mir die Tatsache, dass er den Spott überhaupt nicht als Entmutigung, sondern lediglich als Ansporn auffasste.

Als Haydn schlussendlich die Sängerknaben am Stephansdom verlassen musste, der Stimmbruch und ein deftiger Streich (er schneidet einem Kollegen den Zopf ab) führten zu seiner Entlassung, fehlte ihm das Geld für Kompositionsstunden.

Wir kehren wieder zur G. Carpani-Biografie zurück:

Es heißt, dass wir alle als Original geboren werden und dass die Erziehung uns beinahe alle in Kopien verwandelt, indem sie uns durch die Hand von Lehrmeistern gehen lässt, die uns nach ihrer Art umformen. Haydn, der früh seine eigene Veranlagung erkannte und die Stimme seines Genies vernommen hatte, zog aus dem Umstand, dass er keinen Lehrer fand, den großen Vorteil, diese nahezu allgemeine Veränderung zu vermeiden.

Wie geht dieser junge Mensch, der «die Stimme seines Genies vernommen hat», nun vor? Dazu G. Carpani weiter:

St. Stephansdom 1780

Er hatte sich für seine Studien die theoretischen Werke von Mattheson, Fux, Emmanuel Bach und Kirnberger gekauft, mit welchem er wenig zufrieden war, weil ihm schien, daß er die Musik mit seiner skrupelhaften Strenge allzusehr einenge. Haydn ging Tag und Nacht daran, diese verschiedenen Werke zu studieren und so viel wie möglich daraus zu begreifen, vor allem von Fux. Sich selbst und seinem harmonischen Koran überlassen, hatte er diesen auf mehrere Notizbücher verteilt, die er immer bei sich trug. Wenn er den Sinn einer Regel nicht verstand, schämte er sich, seine Kollegen zu fragen, und an seine Lehrer wagte er sich nicht heran. Deshalb begann er von neuem zu studieren und zu meditieren, bis er glaubte, den Grund für eine Regel gefunden zu haben. Diese Methode der einsamen Nachforschungen trug viel dazu bei, daß er neue Dinge und Kombinationen entdeckte, die noch nicht gefunden waren und so zu seltenen und gelungenen Resultaten gelangte.

Die Szene, wie Haydn seine erste Begegnung mit einem Werk C. P. E. Bachs erlebt, beschreibt A. C. Dies sehr einfühlsam:

Er entschloss sich, ein gutes Buch zu kaufen; aber welches? Das wußte er sich nicht zu beantworten; auch hatte er seine Gründe, warum er niemand um Rat fragte. Er ließ es, da er nicht wählen konnte, beinahe auf das Ungefähre ankommen, mit dem Vorsatze, zuvor in dem Buche ein wenig herumzublättern und es zu beurteilen, ehe er vielleicht die Einkünfte eines ganzen Monats dafür vergeblich ausgäbe. Haydn wagte, in einen Buchladen einzutreten und ein gutes theoretisches Lehrbuch zu fordern. Der Buchhändler nannte Carl Philipp Emanuel Bachs Schriften als die neuesten und besten. Haydn wollte sehen, sich überzeugen, fing an zu lesen, begriff, fand, was er suchte, bezahlte das Buch und trug es ganz zufrieden fort.
Daß Haydn die Grundsätze Bachs sich eigen zu machen suchte, daß er dieselben unermüdet studierte, ist schon an deinen Jugendarbeiten aus jener Zeit zu bemerken. Er schrieb im neunzehnten Jahre seines Alters Quartette, die ihn als ein gründliches Genie bei den Liebhabern der Tonkunst bekannt machten. So schnell hatte Haydn begriffen. In der Folge der Zeit schaffte er sich die spätern Bachschen Schriften an. Nach seinem Urteile sind Bachs Schriften das beste, gründlichste und nützlichste Werk, welches als Lehrbuch je erschien.
Sobald Haydns musikalische Produkte durch den Stich bekannt wurden, bemerkte Bach mit Vergnügen, daß er Haydn unter seine Schüler zu zählen habe; nachher machte er diesem selbst das schmeichelhafte Kompliment, er sei der einzige, der seine Schriften ganz verstanden habe und Gebrauch davon zu machen wisse.

Der deutsche Mystiker Meister Eckehart beantwortet die ungeheure Frage «Was ist mein Leben?» mit folgenden

Worten: «Was von innen her, aus sich selbst bewegt wird.» Dass dieses von «innen her» Bewegtsein bei Haydn auf das Komponieren fokussiert war, illustriert der Text G. Carpanis eindrücklich. Haydns Geschichte hilft uns vielleicht, unsere Vorstellung von Talent wesentlich weiter zu fassen. Talent ist dann eben auch der Wunsch, alle gängigen Lehrwerke zu kaufen und zu studieren. Talent ist die Entscheidung Haydns, all diese Erkenntnisse in mehreren Notizbüchern festzuhalten. Talent ist dieses Studieren und Meditieren, das durch Haydns Schüchternheit noch an Intensität und Tiefe gewinnt.

Dann kommt G. Carpani zum Entscheidenden:

Er fand so ein großes Glück in seinen Studien und Versuchen, dass er, arm wie er war, frosterstarrt und oft vor seinem schadhaften Cembalo einschlafend, doch behauptete, glücklicher als ein König zu sein. Viel später sagte er noch, niemals in seinem Leben habe er eine größere Wonne kennengelernt

In Haydns Worten klingt das so:

Wenn ich an meinem alten, von Würmern zerfressenen Klavier saß, beneidete ich keinen König um sein Glück. [A. C. Dies]

Gerne stellen wir uns diese Wonne des selbstständigen Entdeckens vor. Keine Erkenntnis in dieser Welt kann größer und großartiger sein als jene, die wir uns selbst erobert haben. Und schon kennen wir eine der wesentlichen Glücksquellen in Haydns Leben: Das Gefühl, seinen Weg selbst erobert zu haben, war für ihn Zeit seines Lebens eine Quelle tiefer Zufriedenheit und ungebrochenen Selbstbewusstseins.

Familie

«Ich lebe weniger für mich», hörte ich ihn einst sagen, «als für meine armen Verwandten, denen ich nach meinem Tode etwas zu hinterlassen wünschte. Heute hat mich ein Schuster, der meine Nichte, eine Wittwe mit vier Kindern, heyraten will, um ein Kapital von tausend Gulden angesprochen; ich habe es ihm zugesagt; wollte ich größer leben, als ich es gewohnt bin, so wäre mir das nicht möglich.»

In seinem Testamente waren alle Nachkommen seiner Geschwister bedacht. [G. A. Griesinger]

Haydns Geburtshaus in Rohrau

Seine Ehe blieb kinderlos, Haydn fühlte sich aber Zeit seines Lebens für seine zahlreichen Verwandten verantwortlich.

In seiner Familie dürfte ein warmherziges Klima geherrscht haben. Sein Vater war Wagner und Marktrichter in Rohrau. Es scheint mir erwähnenswert, wie Haydns Vater mit der Tatsache umging, dass sein sechsjähriger Sohn ein begabter Sänger und großer Musikliebhaber war. Hören wir A. C. Dies:

Der Vater stand mit dem Schulmeister in freundschaftlicher Verbindung; es war daher natürlich, daß letzterer über Josephs künftiges Schicksal zu Rate gezogen wurde. Die Beratschlagungen dauerten lange Zeit. Der Vater konnte noch immer den geistlichen Herrn nicht vergessen. Doch endlich kam der entscheidende Zeitpunkt; die verschiedenen Meinungen näherten sich einander. Es wurde beschlossen, Joseph sollte bei der Musik bleiben und heute oder morgen irgendwo, vielleicht als Regens chori oder gar als Kapellmeister, sein ehrenvolles Brot essen.

Eine Anekdote, an die sich Haydn öfters erinnerte, lässt uns schmunzeln und bringt uns den fürsorglichen Vater näher:

Damals waren am Hofe und an dern Kirchen in Wien noch viele Kastraten angestellt, und der Vorsteher des Kapellhauses glaubte ohne Zweifel des jungen Haydns Glück zu gründen, wenn es mit dem Plane, ihn sopranisieren zu lassen, umging, und auch wirklich den Vater um seine Einwilligung befragte. Der Vater, dem dieser Vorschlag gänzlich mißfiel, machte sich schleunig auf den Weg nach Wien, und in der Meinung, daß die Operation vielleicht gar schon könnte vorgenommen worden seyn, tritt er in das Zimmer, wo sich sein Sohn befand, mit der Frage: «Sepperl, tut dir was weh? Kannst du noch gehen?» hocherfreut, seinen Sohn unverletzt zu finden, protestirte er gegen alles fernere Ansinnen von dieser Art, und ein Castrat, welcher zugegen war, bestärkte ihn selbst in seinem Entschlusse.

Die Beziehung zwischen den drei Haydn-Söhnen, die als Sängerknaben am Stephansdom wirkten, und ihrem Vater wird in der folgenden Szene greifbar:

Wenn er zuweilen in Gesellschaft seiner zwei musikalischen Brüder die Eltern in Rohrau besuchte, dann wurden, wie vor zehn und zwölf Jahren, Singstunden gehalten. Der Vater ließ sich das Recht, seine alten Lieblingslieder auf der Harfe zu begleiten, nicht nehmen. Alles war wie vormals, den einzigen Punkt ausgenommen, daß jetzt die drei Söhne oft glaubten, der Vater mache Fehler und ihn deswegen zu belehren suchten. Gewöhnlich entspannen sich kleine Streitigkeiten, wobei der Vater sich immer auf jemand berief, der ihn in Jugendjahren dies oder jenes Lied gelehrt hatte; auch beteuerte er jedesmal auf das kräftigste, das wär ein Mann gewesen, der's recht gewußt hätte. Auf der anderen Seite beriefen sich die Söhne auf den Kapellmeister Reutter: «Der hat's gesagt, der muß es wissen.» Keine Partei wollte nachgeben, eine jede wiederholte ihre Beweise so lange, bis der erhitzte Vater den Streit mit dem Machtspruch «ihr seid's alle Esel!» endigte.

Zu den beiden Musikerbrüdern, die wir in dieser Geschichte kennengelernt haben, hat Haydn zeitlebens gute Beziehungen unterhalten. So finanzierte er zum Beispiel seinem Sängerbruder Johann Evangelist über 25 Jahre dessen alljährliche Badereise nach Baden.

Die größte familiäre Herausforderung war seine Ehe:

Da er bei einem Perückenmacher im Hause wohnte, der zwei Töchter hatte, und dieser Mann zu ihm einst scherzend sagte:

«Haydn, Sie sollten meine älteste Tochter heiraten», so heiratete er dieselbe (gegen seine Neigung sogar, denn die jüngere war der eigentliche Gegenstand seiner Liebe), um nur bald eine Frau zu bekommen. Er mußte aber in der Folge den nicht überlegten Schritt schwer abbüßen, wie Haydns Worte «wir gewannen uns lieb, dessen ungeachtet entdeckte ich bald, daß meine Frau viel Leichtsinn besaß» und das darauf erfolgende Stillschweigen vermuten lassen. [A. C. Dies]

Darüber besteht kein Zweifel: Haydns Ehe war ein Misserfolg. Haydn hielt sich immer sehr zurück, wenn es darum ging, über seine Ehe Auskunft zu geben, einzig G. Carpani schildert etwas ausführlicher, wo die Schwierigkeiten des jungen Paares zu suchen waren:

Die Signora war nicht schön, aber auch nicht häßlich. Ihr Benehmen war untadelig, aber sie hatte einen Kopf, der aus hartem Buchsbaum gemacht zu sein schien. Wenn sie etwas durchsetzen wollte, gab es kein Mittel, sie davon abzubringen. Diese Frau liebte ihren Mann und wurde von ihm wiedergeliebt. Doch ihre exzessive und fehlgeleitete Frömmigkeit sollte diese glückliche Harmonie stören.
Madame Anna wollte das Haus immer voll von Geistlichen sehen, denen sie oft eine gute Mahlzeit und die verschiedensten Leckerbissen vorsetzte. Haydn, der eher aus Vernunft als von Natur aus zur Sparsamkeit neigte – hatte er doch nicht mehr, als zu einem ehrsamen Leben notwenig war –, begann, diese unaufhörliche Prozession glücklicher Heuschrecken, die über seine Vorratskammer herfielen, mit Unbehagen zu betrachten. Im übrigen konnten diese zahlreichen Sitzungen von müßigen bis selbstzufriedenen Leuten und der damit verbundene Lärm im Haus eines Mannes, der sich mit Studien beschäftigte, kaum auf die Dauer stattfinden. Aus diesem Grund schloß Haydn, der all diese heiligen Gastmähler satt hatte, trotz seiner Frömmigkeit und Menschenfreundlichkeit

Maria Anna Aloysia Apollonia Haydn
geb. Keller

die Pforten seines privaten Refektoriums. Amico, inde irae! [Juvenal, Satiren I, 168. Dt.: «Freund, das gab Ärger»]
Frau Anna hatte einen Bruder, der Geistlicher war; man kann es dem Bruder nicht verwehren, seine Schwester zu besuchen. Mönche sind aber wie die Kirschen in einem Korb, nimmt man ein heraus, folgen gleich zehn. Der Haydnsche Konvent verminderte sich also nicht; und auch die nicht Ansprüche, die daraus folgten. Jeden Augenblick kam Madame Anna mit neuen Wünschen. Heute war es ein Responsorium, morgen eine Motette, dann eine Messe, schließlich irgendwelche Hymnen oder Psalmen, und alles umsonst.
Wenn der Gatte sich einmal weigerte, diese Kompositionen auszuführen, dann machte Madame Anna eine der großen Szenen kapriziöser Frauen, er bekam dann alle hysterischen Effekte zu sehen, die Magenbeschwerden, Krämpfe, Schreie, Tränen, Streit und schlechte Laune. Wenn Haydn sich weigerte, Madame Anna zufriedenzustellen, gewann er nichts und hatte, abgesehen von den üblichen Haushaltsaufgaben, noch den Arzt und den Apotheker zu bezahlen. Seine Börse war immer leer und seine Seele bekümmert.
Es ist wirklich ein Wunder, daß ein geistvoller Mann unter

solchen Umständen so wundervolle Werke schaffen kann wie die, die alle Welt von Haydn kennt.

Doch das waren nicht alle Schwierigkeiten, die Haydn belasteten. Was den Musiker Haydn wahrscheinlich noch mehr traf, formulierte er G. A. Griesinger gegenüber in den Worten: «[...] ihr ist es gleichgültig, ob ihr Mann ein Schuster oder ein Künstler ist.» Wenn wir berücksichtigen, welche Hingabe eine künstlerische Laufbahn wie die des Musikers Haydn verlangt, können wir ermessen, wie einsam sich der junge leidenschaftliche Komponist fühlte.

Haydn scheiterte nicht an diesem Fehlschlag. Es gelang ihm trotz dieser Widrigkeiten, einen glücklichen Weg als Musiker zu beschreiten. Die beiden wohnten zeitlebens im gleichen Haus, wenn auch nicht im gleichen Zimmer, Haydn verhielt sich loyal und diskret. Er hatte eine lange währende Affäre mit der Sängerin Luigia Polzelli, die am Hofe Esterházy wirkte. Eine wichtige Begegnung in Haydns Privatleben war sicher die Freundschaft mit Marianne von Genzinger, der Gattin eines beliebten Wiener Arztes, der auch Leibarzt von Fürst Nikolaus war. Haydn fühlte sich im kinderreichen Haus der Genzinger wirklich zu Hause.

Den Austausch, der ihm in seiner Ehe verweigert blieb, fand er in der freundschaftlichen Beziehung mit Frau von Genzinger. In ihr hatte er einen Menschen, dem er seine Nöte anvertrauen konnte:

[...] lassen sich demnach Ihro Gnaden nicht abschröcken, mich zu zeiten mit dero So angenehmen Briefwechsel zu trösten, indem mir dieser zur aufmunterung in meiner Einöde, meines öfteren tief geckränckten Hertzens höchst Nothwendig isst; o könt ich nur eine viertl stund bey Ihro Gnaden seynm um meine widerwertigkeiten auszuschütten, und von

Euer Gnaden Trost einzuhauchen, ich unterliege bey unser dermahligen Regierung vielen Verdriesslichkeiten, welche ich aber hier mit stillschweigen überghen muß: der einzige Trost, so mir noch übrig bleibt, ist, daß ich gottlob, gesundm und thätige lust zu arbeith habe; nur bedaure ich bei dieser lust, daß Euer Gnaden so lang auf die versprochene Sinfonie warten müssen; es ist aber dissfals bloß eine gewisse Nothwendigkeit schuld daran, welche meine umstände und die dermahlige Theuerung verursachen, seund Euer Gnaden derohalben nicht böse auf Ihren Haydn, der, so oft sich sein Fürst von Estoras absentirt, nie die Erlaubnuß erhalten kan, nur auf 24 Stund nach wienn gehen zu darfen; es ist kaum zu glauben, und doch geschieht diese weigerung auf die feinste arth, und zwar auf solche, daß ich ausser stand gesezt werde die Erlaubnuß zu begehren. nu, in gottes Nahmen: es wird auch diese zeit vorüber gehen, und jene wider komen, in welche ich das unschäzbahre vergnügen haben werde, neben Euer Gnaden am Clavier zu sitzen, Mozarts Meisterstücke spiellen zu hören, und für So viel schöne Sachen die hände zu küssen. in dieser hoffnung bin ich Euer gnaden
ganz gehorsamster aufrichtigster diener Josephus Haydn

Haydn öffnete sich, er sehnte sich nach Trost. In diesem Brief lernen wir auch den unglücklichen Haydn kennen, den einsamen Komponisten, dem es so schwer fiel, sich der Autorität seines Fürsten zu entziehen.

Am Ende unseres Lebens sind es ausschließlich Geschichten, die darüber berichten, welche Spuren wir auf dieser Erde hinterlassen haben. In diesem Sinne bringt mir die folgende Passage aus G. Carpanis Biografie den liebevollen Menschen Haydn wirklich nahe:

[...] Hingegen hatte er die Gewohnheit, alljährlich nach Bruck zu reisen und dort all seine Verwandten zu treffen, die in den umliegenden Dörfern lebten. Er gab ihnen ein Mahl im besten Gasthof der Stadt, und nachdem er all seine Tischgenossen mit Speis und Trank gesättigt hatte, entließ er sie, indem er ihnen noch kleine Geldgeschenke mit auf den Weg gab. Und inmitten ehrlicher und formloser Umarmungen erneuerte er diese Einladung für das folgende Jahr. Haydn nannte dieses große Familienmahl seinen Ehrentag und war darob ganz froh und stolz.

Blick über Bruck an der Leitha

Der Komponist der Entwicklung

«... ich war [in Esterháza] von der Welt abgesondert, Niemand in meiner Nähe konnte mich an mir selbst irre machen und quälen, und so musste ich original werden.»

Joseph Haydn [zitiert nach G. A. Griesinger]

Auf die Frage, was die großartigste Innovation ist, die wir Haydn verdanken, würde ich antworten: Haydn ist der Entdecker der «Entwicklung» in der Musik. Wenn wir den Sachverhalt etwas vereinfachend erklären wollen: Bis zu Haydn entwickeln sich die Musikstücke ausschließlich in den Köpfen der Komponisten, um dann für uns Hörer niedergeschrieben zu werden. Haydns ungeheure Erneuerung bestand darin, dass sich seine Musik, wann immer sie gespielt wird, vor uns entfaltet, wir sind Teil des Entstehungsprozesses. Wir nennen das thematisch-motivische oder «durchbrochene» Arbeit.

Es ist sicher kein Zufall, dass diese Art zu komponieren sich in einer Zeit heftiger sozialer Umbrüche entwickelte. Das Unfertige vollendete sich vor den Ohren des Zuhörers, die Komposition bildete nun das Wachstum der Zelle zu einem vielfältigen Organismus ab. Nachdem sich die Menschheit über Jahrhunderte dem Vollendeten zuneigte, wurde der Prozess des Wachstums zum musikalischen Ideal, und Vollendung hieß jetzt: Reichtum und Fantasie in den Entwicklungsprozessen. Es ist auffällig, dass gerade die Bewältigung dieses Prozesses die größte Hürde war, die sich den Komponisten in der Nachfolge Haydns entgegenstellte. Mit Haydn wurde Komposition zu einem dynamischen Prozess – der Komponist wurde vom Baumeister zum Schiffskapitän, der Kompositionsprozess wandelte sich vom «machen» zum «zulassen». Für alle, denen es schwer fiel, die Zügel loszulassen und die Musik aus einer inneren Stille zu holen, eine unlösbare Aufgabe. Es gibt zahlreiche Haydn-Zeitgenossen, denen genau dieses Loslassen verwehrt blieb – tadelloses Themenmaterial wurde tadellos verarbeitet. Aber genau darauf kam es nicht mehr an: Wer das «Unfertige», das «Wachsen» glaubhaft in Töne zu verwandeln vermochte, wurde zum Helden der Musikwelt.

Haydn war sich dieser Herausforderung völlig bewusst. Er schilderte seine Vorgehensweise beim Komponieren so:

«Ich setzte mich hin [ans Klavier], fing an zu phantasiren, je nachdem mein Gemüth traurig oder fröhlich, ernst oder tändelnd gestimmt war. Hatte ich eine Idee erhascht, so ging mein ganzes Bestreben darhin, sie den Regeln der Kunst gemäß auszuführen und zu soutenieren [d. i. unterstreichen]. So suchte ich mir zu helfen, und das ist es, was so vielen unserer neuen Komponisten fehlt; sie reihen ein Stückchen an das andere, sie brechen ab, wenn sie kaum angefangen haben: Aber es bleibt auch nichts im Herzen sitzen, wenn man es angehört hat.» [A. C. Dies]

Letztlich ging es Haydn darum, dass etwas «im Herzen sitzen» bleibt. Es überrascht nicht, dass der starke Emanzipationsprozess des Bürgertums der sozialgeschichtliche Hintergrund dieses neuen Spiels war. Jahrhundertealte hierarchische Ordnungen kamen ins Wanken, das «nichtadelige», das bürgerliche Individuum entdeckte sein eigenes Erleben als zentrale Erfahrungsquelle.

Der Perspektivenwechsel für die Musikgeschichte war unglaublich. Musik begann nun, Wachstumsprozesse abzubilden und Entwicklungen darzustellen. Diese Prozesse durften alle Überraschungen enthalten, die eine Entwicklung mit sich bringen kann und mussten gleichzeitig organisch und stimmig wirken.

Der Sonatensatz lebt davon, dass nicht alles «glatt geht», dass es «anders kommt, als man denkt» und dass sich Dinge ereignen können, die wir nie für möglich gehalten hätten. «Sonatenhauptsatzform» – hinter diesem sperrigen Wort verbirgt sich die Spielwiese für diese aufregenden Prozesse, sie kann als Reagenzglas für Entwicklungsprozesse verstanden werden. Man kann die Wichtigkeit dieser Konvention für die Musik durchaus mit dem Kriminalroman in der Literatur vergleichen – die Spielregeln waren jedem Musikfreund bekannt. Ein nach der Sonatensatzform gegliederter Satz besteht aus den drei Hauptteilen Exposition, Durchführung und Reprise. Dazu gesellt sich eine Coda, die den Satz zu einem würdigen Ende bringen sollte. Die Exposition mit ihrem Hauptsatz und Seitensatz ist schon ein Kosmos für sich. Würde die Komposition hier enden, hätten wir schon einen spannenden Entwicklungsprozess durchlebt. Wir hätten die Polarität zwischen dem Haupt- und Seitensatz, dem dramatischen und dem lyrischen Element erfahren. Und dann kommt die Durchführung, die uns in die große Freiheit hineinführt. War schon die Exposition ein Entwicklungsprozess, so erwartet uns nun eine Entwicklung, die die Kostbarkeiten der Exposition nochmals verwandelt und verzaubert. Bei Haydn dürfen wir uns ausnahmslos auf große Erlebnisse in der Weite freuen. Dann führt uns Haydn in seinen Sonatensätzen auf raffinierte Art dorthin zurück, wo alles begann – wir hören die Reprise, mit der wir wieder in die Welt der Exposition zurückzukehren, die durch die Ereignisse der Durchführung in ein ganz neues Licht getaucht ist. Die Coda ist dann die letzte Schönheit, die ein Haydnsatz uns bietet. Nochmals ist alles möglich. Vom organischen harmonischen Schluss bis zur jähen Überraschung deckt seine Musik das ganze Spektrum ab.

Joseph Haydn, jener Komponist, der sich all sein musikalisches Wissen als Autodidakt angeeignet hatte, war prädestiniert dafür, diesen ungeheuren Schritt zu tun und eine musikalische Metapher dafür zu schaffen, was unser Leben eigentlich ist: von der ersten Sekunde an ein nie endender Entwicklungsprozess.

Die thematisch motivische Arbeit – ein solches dynamisches Gestaltungskonzept war in der Musik des Abendlandes noch nie dagewesen, kein Kopfsatz eines Instrumentalwerks der Wiener Klassik ist ohne dieses inspirierende formale Konzept denkbar. Wir ahnen, dass nur ein Mensch dieses Modell entwickeln konnte, der sich der Materie experimentierend und forschend nähern musste. Menschen, die auf ihrem Weg mit der Begeisterung eines Joseph Haydn unterwegs sind, machen eine gemeinsame Erfahrung – so drückt der 74-jährige Haydn diese Erkenntnis aus:

«sein Fach sey grenzenlos; das, was in der Musik noch geschehen könne, sey weit größer, als das, was schon darin geschehen sey; ihm schwebten öfters Ideen vor, wodurch seine Kunst noch viel weiter gebracht werden könnte, aber seine physischen Kräfte erlauben es ihm nicht mehr, an die Ausführung zu schreiten.» [G. A. Griesinger]

Haydns Unterlippe

op. 50/1, B-Dur, Hob. III: 44, 2. Satz: Adagio
CD Tracknr. 10

Versuchen Sie einmal, in Ihre Kieferpartie hineinzuspüren: Liegen die Lippen aufeinander? Sind Ihre Zähne aufeinander gepresst? Spüren Sie eine leichte Spannung in den Kiefermuskeln? Oder hängt Ihr Unterkiefer schon vollkommen locker in den Gelenken?

Wenn wir uns völlig entspannen, senkt sich der Unterkiefer so wie auf Joseph Haydns Portrait von George Dance, einer der verlässlichsten Darstellungen des Komponisten. Haydn ist entspannt bis in die letzte Faser seines Körpers, obwohl er für einen Künstler Modell steht – kein Lächeln, nur Gelassenheit. Wir alle wissen, wie schwierig es ist, Menschen vor der Kamera zu einem natürlichen, ungekünstelten Gesichtsausdruck zu bewegen. Wie «locker» und gelassen muss ein Mensch sein, um sich so fallen zu lassen in einer Situation, die menschliche Eitelkeit geradezu herausfordert?

Wenn wir Haydns Weg folgen, begegnen wir in allen dokumentierten Lebensspuren einem Menschen, der sich seinem Schicksal ohne Vorbehalte anvertrauen konnte. Haydn war kein Kämpfer – es lohnte sich für ihn nicht zu kämpfen, weil er seinem Leben keinen Widerstand entgegensetzte. Ein wirklich auffälliger Charakterzug Haydns war die Fähigkeit, sich auf alles, was ihm im Leben begegnete, einzulassen. Als

Zeichnung von George Dance, 1794

Michaelerhaus am Kohlmarkt, Wien

armer junger Musiker reagierte er gelassen auf die Widrigkeiten seines Lebens:

Haydns glückliches Temperament bewahrte ihn immer vor heftigen Ausbrüchen der Schwermut. Wenn im Sommer der Regen und im Winter der Schnee durch die Fugen des Daches drang und er durchnässt oder beschneit erwachte, so fand er solche Vorfälle sehr natürlich, und sie dienten ihm als Stoff zu munteren Scherzen, schreibt A. C. Dies.

Mit 58 Jahren nahm er ebenso gelassen die erste Einladung nach London an, die Metropole, die der Ort seiner ganz großen Triumphe werden sollte. Diese entspannte Haltung dem Leben gegenüber machte es ihm möglich, sich vom Strom des Lebens tragen zu lassen, was ihn schlussendlich zum berühmtesten Komponisten Europas werden ließ:

«Ich bin mit Kaisern, Königen, und vielen großen Herren umgegangen, und habe manches Schmeichelhafte von ihnen [über mich] gehört: aber auf einem vertraulichen Fuß will ich mit solchen Personen nicht leben, und ich halte mich lieber zu Leuten von meinem Stande.»

«Sein Stand», das bedeutete für Haydn jeder Mensch, mit dem er im Alltag zu tun hatte, seine Bediensteten ebenso wie Musikerkollegen. Weil Haydn dem Leben wirklich traute, hatte er nie etwas zu verlieren. Gleichzeitig dankbar und wenig beeindruckt von seinem riesigen Erfolg, ging er seinen Weg. Wozu sollte er für ein Portrait also ein besonderes Gesicht aufsetzen?

«Ich weiß es», pflegte er zu sagen, «daß mir Gott einen Antheil verliehen hat, und erkenne es mit Dank; ich glaube auch, meine Schuldigkeit gethan, und der Welt durch meine Arbeit genützt zu haben.» [G. A. Griesinger]

Der berühmteste Komponist seiner Zeit äußerte sich knapp und uneitel über sein Genie und sein unglaubliches Lebenswerk, und er meinte es auch so. So einfach war das Leben für Joseph Haydn: Er tat, was er auf dieser Erde zu tun hatte.

So lehrt uns Haydns Unterlippe möglicherweise etwas, was uns immer wieder mit dem Leben in Berührung bringt: einfach loszulassen.

Menschen führen

Wie Haydn ein Orchester für sich gewinnt und was wir daraus lernen können

«Ich bin nur ein Bettler.»

So hat sich Carlos Kleiber, einer der größten Dirigenten des letzten Jahrhunderts, einmal in einer Orchesterprobe den Musikern gegenüber geäußert. Die Äußerung dieses genialen Orchesterverführers fällt mir ein, wenn ich die folgende Schilderung von A. C. Dies lese, die von einer von Joseph Haydn geleiteten Londoner Orchesterprobe berichtet. Die Geschichte ist spannend und aufschlussreich zugleich und legt ein wesentliches Geheimnis kollektiver Spitzenleistungen offen:

Haydns Betragen gegen das Orchester, welches seine Oper erheben oder stürzen konnte, war einnehmend und gütig; er gewann dasselbe bei der ersten Probe zu seinem Vorteil. Er hatte eine Symphonie aufgelegt, die mit einem kurzen Adagio anfing. Drei gleichtönende Noten eröffneten den Gesang. Da aber das Orchester die drei Noten zu nachdrücklich anschlug, so unterbrach Haydn mit Winken und «St! St!». Das Orchester schwieg, und Salomon mußte Haydns Meinung verdolmetschen. Darauf wurden die drei Noten wieder, aber mit nicht glücklicherm Erfolge angestrichen. Haydn unterbrach abermals mit «St! St!». Während der erfolgten Stille äußerte ein deutscher Violoncellospieler ganz nahe bei Haydn seine Meinung gegen seinen Nachbarn und sagte in deutscher Sprache: «Du, dem sind schon die drei ersten Noten nicht recht, wie wird's mit den übrigen aussehen?» Haydn war froh, Deutsche reden zu hören, nahm diese Worte als eine Warnung an und sagte mit der größten Höflichkeit, daß er um eine Gefälligkeit ersuche, die ganz in ihrer Macht stünde, und daß es ihm sehr leid wäre, sich in englischer Sprache nicht ausdrücken zu können; sie möchten ihm daher erlauben, seine Meinung auf einem Instrumente vortragen zu dürfen. Er nahm darauf eine Violine und machte sich durch den wiederholten Anstrich der drei Töne so verständlich, daß das Orchester ihn vollkommen begriff. [A. C. Dies]

Nachdem er die Probe offensichtlich nicht ganz so beginnt, wie es das Orchester mag, reagiert er blitzschnell auf den Einwand des deutschsprachigen Cellisten und ändert seine Strategie, um das Orchester dadurch völlig für sich zu gewinnen. Haydn ist geistesgegenwärtig, durchlässig und beseelt von uneitler Musikalität und Menschenliebe, weit und breit kein Ego, das sich in dieser Situation verheddern könnte. Wie leicht wäre es, mit dem Orchester in einen Konflikt zu geraten, den Kopf zu schütteln über so viel Unvermögen. A. C. Dies berichet weiter über diese Probe:

Dabei ließ es Haydn in der Folge noch nicht bewenden. Er bat, wie kleine Kinder zu bitten pflegen, mit aufgehobenen Händen, nannte bald diesen, bald jenen «mein Schatz» oder «mein Engel», lud die vorzüglichsten Virtuosen oft zu Tische, damit sie gern bei den Privatproben in seiner Wohnung erscheinen möchten, erteilte ihnen Lob und verwebte den Tadel, wenn er nötig war, auf die feinste Art in das Lob. Ein solches Betragen gewann ihm die Zuneigung aller Virtuosen, mit welchen er in Verbindung kam. So, daß sie sich aus Liebe gern zu der Begeisterung hinaufstimmten, die zum Vortrage eines Haydnschen Werke erfordert und wodurch jene Anmut erzeugt wird, von welcher hier die Rede ist.

Hannover Square London

Haydn ist mit dem Ziel seines Dirigierens, eine beseelte, sprechende, lebendige Aufführung zu erzielen, in glücklicher Verbindung und in der Wahl der Mittel so flexibel, dass es ihm möglich ist, London nicht nur mit der Qualität seiner Kompositionen, sondern auch mit hervorragenden Interpretationen zu erobern. «Er bat, wie die kleinen Kinder zu bitten pflegen, mit aufgehobenen Händen.» Wenn ein Musiker der Klasse Joseph Haydns sich nicht zu schade war, mit aufgehobenen Händen zu bitten, so musste dies die Londoner Musiker aufrütteln, sie in höchste Leistungsbereitschaft versetzen. Letztendlich müssen wir lieben, um ganz an unser Potential heranzukommen. «So, daß sie sich aus Liebe gern zu der Begeisterung hinaufstimmten, die zum Vortrage eines Haydnschen Werkes» erforderlich ist.

«Die Leidenschaft für das Mögliche» würde ich den zauberhaften Charakterzug Haydns nennen, der dieses Wunder ermöglichte. Er zieht sich durch sein ganzes Leben und sein ganzes Wirken. Haydn war ein grandioser Pragmatiker, als Komponist ebenso wie als Interpret; ein Mensch, der Grenzen akzeptieren konnte und gerade deshalb mit seiner

Geschmeidigkeit so viele Grenzen überwand.

Die entscheidende Eigenschaft, die Haydn zu einem charismatischen Führer machte, spiegelt der Brief, den Haydn an Antonio Polzelli, einen Musiker der Esterházyschen Kapelle, richtete. Er bedankt sich für Namenstagsglückwünsche, die dieser 1808 im Namen jener Musiker an Haydn überbrachte, die jahrzehntelang in Eisenstadt unter ihm als Kapellmeister gearbeitet hatten:

Mein lieber Sohn! Wien den 20ten März 1808.
Deine wahrhaft kindlichen Äußerungen so wie jene sämtlicher Glieder der Hochfürstlich Esterházyschen Kapelle zu meinem Namensfeste haben mir die heißesten Thränen ausgepreßt. Ich danke Dir und Allen mit gerührtem Herzen, und ersuche Dich sämtlichen Gliedern in meinem Namen zu melden, daß ich sie alle als meine lieben Kinder ansehe, die ich bitte, mit ihrem alten, schwachen Vater Geduld und Nachsicht zu haben; sage ihnen, daß ich ganz mit väterlicher Liebe an ihnen hänge, und daß ich nichts so sehr wünsche, als nur so viele Kräfte zu besitzen, um noch einmal an der Seite dieser würdigen Männer, die mir die Erfüllung meiner Pflichten so angenehm machten, den Genuß einer Harmonie fühlen zu können; melde ihnen, daß das Andenken an Sie nie in meinem Herzen versiegen wird, und daß es mein größter Stolz sei, mich durch die Gnade meines erlauchten Fürsten an die Spitze nicht nur großer Künstler, sondern auch edeler Menschen gestellt zu sehen.
Joseph Haydn

Die Atmosphäre dieses Briefes ist geprägt von liebevollem Respekt. Es fällt leicht, sich vorzustellen, wie ein so respektvoller, dankbarer Kapellmeister an der Seite dieser «würdigen Männer» den «Genuss einer Harmonie fühlen» konnte. Und darauf kam es an.

Haydns Lächeln
oder: Das andere Gesicht der Dankbarkeit

Im Entwurf eines Musikstückes fand er sein Glück. Es blieb dann nur noch das physische Vergnügen des Hörens und das moralische, dafür Beifall zu finden. Er war für diese beiden Freuden so empfänglich, daß er, wenn er eine Aufführung seiner Werke selbst dirigierte, an gewissen Stellen, die ihm besonders schön erschienen und die das Publikum mit Beifall überschüttete, sich ohne Verwirrung und ohne im Taktschlagen innezuhalten, seinem natürlichen Impuls überließ: dann sah man ihn zufrieden lächeln. Ich habe in großen Konzerten gesehen, wie die am wenigsten gebildeten Leute Haydns Physiognomie beobachteten, um zu entdecken, welche Passage am meisten Applaus verdiente. Das Lächeln des Maestro dirigierte die Hände der Zuhörer ebenso wie seine Hand die ausführenden Musiker. La Traetta pflegte, wenn die Passage kam, die ihm als die köstlichste erschien, aufzustehen und sich ans Parkett zu wenden: «Meine Damen und Herren, achten Sie jetzt auf diese Stelle!» Man tat es und klatschte. Mir scheint, Haydns Lächeln war ein feinerer Wegweiser und die Bescheidenheit selbst wäre davon nicht abgeschreckt worden. [G. Carpani]

Dankbarkeit ist ein viel strapazierter Begriff. «Danke» zu sagen gehörte zu den ersten Dingen, die man uns als Kindern beibrachte. Dankbarkeit lernen wir also vorab als Höflichkeitsgeste. Wie oft erstarrt das «Danke» zu einer bloßen Konvention, zu einer lästigen Pflicht, derer wir uns entledigen; wird zu einem Hinweisschild, das ins Leere zeigt. Gleichzeitig spüren wir alle, dass Dankbarkeit eine der mächtigsten seelischen Empfindungen sein kann und ich finde es ungemein lohnend, hinzusehen, wie sich das spontane Gefühl von Dankbarkeit ausdrücken kann. Haydns Lächeln scheint mir dabei ein hinreißendes Beispiel dafür zu sein, wie sich die Dankbarkeit ihren Weg in unsere Lebenswirklichkeit bahnt. Haydns Lächeln ist der unverfälschte Ausdruck einer tiefen inneren Freude an der Musik, die durch ihn in unsere Welt kommen konnte. «In nomine Domini» (im Namen des Herrn) schreibt er fast immer über seine Kompositionen und «Fine laus deo» (Mit dem Ende sei Gott gelobt) ebenso oft hinter den letzten Ton. So hat er es auch gemeint. Sein religiöser Glaube war die Verbundenheit mit einer großen Energie, die sich durch sein Schaffen artikulierte. Deshalb vermochte er ohne jeden Anflug von Eitelkeit zu lächeln, wenn er dem Schönen, das er als Komponist schuf, als Interpret wieder begegnete. Gerne male ich mir auch die Freude aus, die das dankbare Publikum an seinem Lächeln fand. Was gibt es schließlich Schöneres, als einem glücklichen Menschen bei der Arbeit zuzusehen?

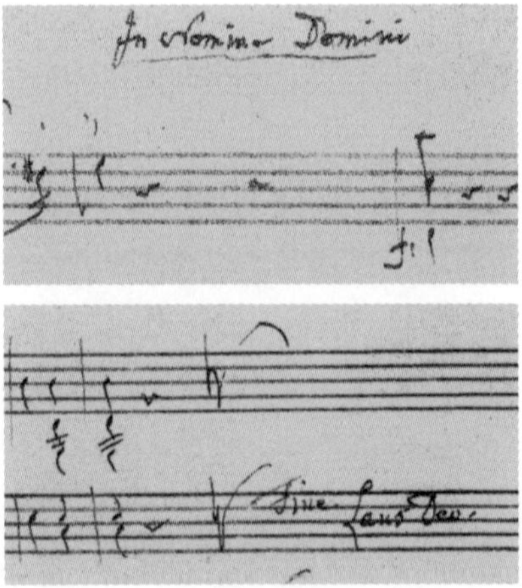

Es ist schön, wenn ein Mensch von Herzen «Danke» sagt, aber mindestens so schön ist das Wissen darum, dass Dankbarkeit noch viele Möglichkeiten kennt, sich auszudrücken: durch ein seliges Lächeln zum Beispiel.

Dem Leben dienen

oder: Was Haydn in seiner Arbeit wirklich beseelte

[...] Sie geben mir die süßeste Überzeugung, die der ausgiebigste Trost in den Stunden meines bereits sinkenden Alters ist, dass ich öfters die beneidenswerte Quelle bin, aus welcher Sie, und so manche für herzliche Empfindung empfängliche Familie in häuslicher Stille – ihr Vergnügen – ihre Zufriedenheit schöpfet. Wie beseligend ist dieser Gedanke für mich! – Oft, wenn ich mit Hindernissen aller Art rang, die sich meinen Arbeiten entgegen stemmten, wenn oft die Kräfte meines Geistes und Körpers sanken, und es mir schwer ward, in der angetretenen Laufbahn auszuharren, – da flüsterte mir ein geheimes Gefühl zu: «Es gibt hienieden so Wenige der frohen und zufriedenen Menschen, überall verfolgt sie Kummer und Sorge, vielleicht wird deine Arbeit bisweilen eine Quelle, aus welcher der Sorgenvolle oder der von Geschäften lastende Mann auf einige Augenblicke seine Ruhe und Erholung schöpfet.» Dies war dann ein mächtiger Beweggrund vorwärts zu streben, und dies ist Ursache, dass ich auch noch jetzt mit seelenvoller Heiterkeit auf die Arbeiten zurückblicke, die ich durch eine so lange Reihe von Jahren mit ununterbrochener Anstrengung und Mühe auf diese Kunst verwendet habe. [...]

aus einem Brief Haydns vom 22. September 1802 an einen norddeutschen Verein, der ihm nach der Aufführung der Schöpfung einen Dankesbrief geschickt hatte.

Die Einladung des Begründers der gewaltfreien Kommunikation, Marshall B. Rosenberg, «Tue nichts, was du nicht aus einer spielerischen Freude heraus tust», halten viele für eine Provokation. Sie vermuten hinter dieser Empfehlung die Aufforderung, immer nur das zu tun, worauf wir Lust haben. Was Rosenberg wirklich meint, das erhellt dieser Brief Haydns auf eindrucksvolle Weise. Wenn wir das, was wir tun, aus einer tiefen Verbundenheit mit dem Leben heraus tun, dann wird das Schwere leicht und kein Widerstand kann uns daran hindern, mit dem Leben verbunden zu bleiben. Vergegenwärtigen wir uns den Weg vom ersten Gedanken bis zum Erklingen einer Komposition. Haydn entwickelte die Ideen zu seinen Werken zunächst am Klavier fantasierend. Der nächste Schritt war dann, diese Idee auszuarbeiten und in eine Form zu bringen. Waren die Morgenstunden für das fantasierende Finden der Ideen reserviert, so gehörte der Nachmittag dem «Laboratorium». Hier wurde die Komposition in eine Form gebracht. Das Ganze musste dann in der Partitur reingeschrieben werden. Dann war noch das Orchestermaterial zu erstellen und das Stück mit dem Orchester einzustudieren. Das hieß, nun mussten die Musiker begeistert werden, um ein erfolgreiches Konzert zu ermöglichen. Bis zur Aufführung eines Werkes war also ein weiter Weg zu bewältigen. Wir ahnen, dass der Weg eines Musikstücks vom Komponisten bis zum dankbaren Zuhörer große Herausforderungen barg, aber die beseelende Idee, Ruhe und Freude in die Herzen der Hörer zu bringen, erfüllte Haydn.

Komponieren bedeutete für Haydn nicht nur, Klänge in eine ganz bestimmte Abfolge zu bringen, seine Kompositionen sollten eine Quelle sein, «aus welcher der sorgenvolle oder von den Geschäften lastende Mann auf einige Augenblicke seine Ruhe und seine Erholung schöpfet». Eine großartige Vision, die ein unglaubliches Lebenswerk hervorgebracht hat. Dass der empfängliche Hörer aus seiner Musik Vergnü-

gen und Zufriedenheit schöpfen konnte, war für Haydn völlig ausreichend als Antrieb für sein Schaffen: «Wie beseligend ist nicht dieser Gedanke für mich!», rief er in diesem Brief aus. Man kann es nicht treffender sagen: «Beseligend» ist es für einen Menschen, seine Arbeit aus dem Bedürfnis heraus zu tun, andere Menschenleben leichter und ein wenig schöner zu machen.

Entscheidend scheint mir dabei nicht, was wir tun, sondern aus welcher Energie heraus wir es tun. Ob wir ein Zimmer fegen, eine Tasse abwaschen oder ein Musikstück komponieren, wir haben immer die Möglichkeit, uns daran zu freuen, mit unserem Tun dem Leben zu dienen. Wir haben die Wahl, daran zu denken, wie sich Menschen an unserem Werk freuen, oder wie ihr Leben ein kleines bisschen einfacher wird dadurch.

Wenn wir das, was wir tun, mit diesem geistigen Hintergrund tun, dann dürfen wir wie Joseph Haydn eines Tages «aus seelenvoller Heiterkeit auf die Arbeiten» unseres Lebens zurückzublicken. Das ist ein wahrhaft lohnendes Ziel.

Humor

op. 76/1, G-Dur, Hob. III: 75, 4. Satz: Finale
CD Tracknr. 4
op. 50/1, B-Dur, Hob. III: 44, 3. Satz: Menuetto, Trio
CD Tracknr. 11
op. 50/1, B-Dur, Hob. III: 44, 4. Satz: Finale, Vivace
CD Tracknr. 12

Ich wagte es, Haydn über den Punkt der Neckerei in seinen musikalischen Produkten zu befragen. Er gestand mir, daß es ein Charakterzug von ihm sei, der ehemals von Gesundheitsfülle herrührte. «So», sagte ich, «wie etwa bei muntern Knaben, die vor lauter Gesundheitsgefühl sich nicht zu lassen wissen und ihren unschuldigen Mutwillen auf einer Wiese austoben, bald sich im Grase herumwälzen, bald einander auf mancherlei Weise necken,» – «Getroffen!», antwortete Haydn. «Man wird von einem gewissen Humor ergriffen, der sich nicht bändigen läßt.» [A. C. Dies]

In Haydns Worten hören wir wieder sein charakteristisches Lebensgefühl: «Man wird von einem gewissen Humor ergriffen», sagt Haydn. Humor ist für ihn ein passiver Prozess, gespeist aus einer übermütigen Lebensfreude. Humor heißt für Haydn, etwas zu empfangen, auf eine Situation zu reagieren. Haydn hatte einen lustvollen Blick auf die komischen Facetten des Lebens. Diese Art von Humor ist ein klarer Gegensatz zum «Witze reißen».

Ein herrliches Beispiel für dieses «sich im Grase herumwälzen» ist der Schlusssatz des Streichquartetts op. 50/1, Hob. III: 44. In den Klängen dieses Satzes funkelt die Lebensfreude, die «sich nicht bändigen» lässt. Am Ende des Satzes gibt Haydn dann noch eine bezaubernde Kostprobe dieses «gewissen» Humors zum Besten. Die Musik stoppt plötzlich und nach Sekunden der Ungewissheit kommt das musikalische Treiben wieder in Gang und Haydn begleitet uns leise bis zum endgültigen Ende dieses Rondos [⏵ CD Tracknr. 12, 4:16 – 4:40]. Die witzigen Einfälle in seinen Werken vermitteln uns immer das Gefühl, aus der Situation heraus zu wachsen, und sie überraschen uns auf bezaubernde Weise. Hier komponiert keiner, der Witze machen will, hier wird einer «von einem gewissen Humor ergriffen, der sich nicht bändigen lässt.»

Haydns Humor konnte sich in den subtilsten Ausformungen finden, wie die beiden folgenden Musikbeispiele eindrucksvoll belegen. Ein stimmiges Beispiel ist das Trio des Menuetts im Streichquartett op. 50/1, B-Dur, Hob. III: 44 [⏵ CD Tracknr. 11, 1:08 – 1:12]. Die erste Geige lädt die anderen Instrumente mit einfachen Achteltupfern zum Gespräch, die drei antworten dann auch «brav» im Chor – das ist noch nichts Besonderes. Aber am Ende des Trios fügt Haydn dieser Geigenfigur eine Kleinigkeit hinzu [⏵ CD Tracknr. 11, 1:42 – 1:51]. Diese winzige Veränderung hat bestimmt schon einigen Hörern und Musikern ein Schmunzeln abgerungen ...

Eine andere Nuance seines Humors finden wir auch im Finale des Streichquartetts op. 76/1, Hob. III: 75 [⏵ CD Tracknr. 4]: Das Thema des Satzes, das sich am Beginn in leidenschaftlichem Kleid zeigt, begegnet uns am Schluss wieder und hier klingt es so, als würde Haydn uns liebevoll und zärtlich eine Nase drehen. Einen Augenblick später reißt er uns aus dieser «komischen» Idylle [⏵ CD Tracknr. 4, 6:00 – 6:10]

gezeichnet von Anna-Elisa, 9 Jahre alt

und kehrt sofort, als wäre nichts gewesen, zur ersten Szene zurück [▶ CD Tracknr. 4, 6:10 – Ende]; beim zweiten Mal findet er schließlich den Ausgang – ohne Mühe wechselt er die Stimmung und führt uns in einen erhabenen Schluss. Musikalisch erfahren wir etwas von dem Lebensgeheimnis, das Haydn wohl durch viele Situationen getragen hat. Trotz all der leidenschaftlichen Stürme konnte er auch immer das Komische in der Tragik des Lebens entdecken und sich einen feinen Spaß darüber machen. Dazu G. A. Griesinger:

Eine arglose Schalkheit, oder was die Britten Humor nennen, war ein Hauptzug Haydns Charakter. Er entdeckte leicht und vorzugsweise die komische Seite eines Gegenstandes, und wer auch nur Eine Stunde mit ihm zugebracht hatte, mußte es bemerken, daß der Geist der östereichischen National-Heiterkeit in ihm athmete. In seinen Kompositionen zeigte sich diese Laune ganz auffallend, und besonders sind seine Allegros und Rondeaux oft ganz daraus angelegt, den Zuhörern durch leichtfertige Wendungen des anscheinenden Ernstes in den höchsten Grad des Komischen zu necken, und fast bis zur ausgelassenen Fröhlichkeit zu stimmen.

Am liebsten machte sich Joseph Haydn, wie könnte es anders sein, über Joseph Haydn lustig. A. C. Dies erzählt eine Geschichte, die in Varianten öfters wiederkehrt:

Der bekannte Ditters und Haydn waren Jugendfreunde. Einst durchstrichen beide zur Nachtzeit die Gassen und machten vor einem gemeinen Bierhause halt, in welchem die halb trunkenen und schläfrigen Musikanten gerade einen Haydnschen Menuett erbärmlich herabfiedelten. [...]
«Du! Gehen wir hinein!», sagte Haydn.
«Gehen wir!», erwiderte Ditters.
Beide treten in die Bierstube, Haydn stellt sich neben den ersten Geiger und fragt ganz trocken: «Von wem ist der Menuett?» – Dieser antwortet noch trockener, ja sogar bissig: «Von Haydn!». Haydn stellt sich vor ihn und sagt mit verstelltem Grimm: «Das ist ein rechter Sau-Menuett!» «Was? Was? Was?», schreit der in Zorn gebrachte Geiger, springt von seinem Sitze auf, die anderen Spieler desgleichen, und alle wollen ihre Instrumente auf Haydns Kopfe zerschlagen, welches auch geschehen wäre, wenn Ditters, der von großer Statur war, seine Arme nicht über Haydn ausgebreitet und ihn zur Tür hinausgeschoben hätte.

Eine andere Geschichte hat Haydn A. C. Dies äußerst detailreich erzählt, (wir finden sie auch bei G. A. Griesinger) und da sie mehrere Dimensionen des Haydnschen Humors erschließt, gebe ich sie hier vollständig wieder:

Der schlaue und dienstfertige Pudel
Haydn erhielt von einem jungen ausländischen Fräulein einen Brief, der so vertraut abgefaßt war, als hätten beide Personen schon zwanzig Jahre lang einander gekannt. Der Anfang lautete: «Lieber, guter, bester Haydn.» Das Fräulein erzählte, sie sei eines Hauptmanns Tochter und in einen Offizier verliebt, der sie aber nicht heiraten würde, wenn ihr lieber Haydn, der, wie sie wisse, keinem jungen und artigen Frauenzimmer etwas abschlagen könne (Haydn konnte dieses nicht ohne Lächeln erzählen), ihr nicht den Gefallen erzeigte, durch Beihilfe seiner göttlichen Musik ihr den Offizier

zum Manne zu verschaffen. Nun zergliederte das Fräulein umständlich, wie und warum Haydn das könne. Ich ersuche die Leser, davon soviel sagen zu dürfen, als nötig ist, den Vorfall zu verstehen.

Das Fräulein hatte Verse an Haydn geschickt, die sie selbst gedichtet und zu welchen sie eine schöne Melodie wünschte. Mit dieser Melodie wollte das Mädchen den Liebhaber überraschen, ihm das Lied vorsingen. Sie hoffte, er müsse dadurch gerührt werden und werde sie heiraten.

Ohne Zweifel werden die Leser eine große Meinung von dem Inhalt des überschickten Textes gefaßt haben und auch glauben, die Schöne müsse wenigstens wie ein Engel gesungen haben. Über den letzten Punkt ist nur zu vermuten, daß ihre Stimme rührend sein konnte, wenn sie gleich im Briefe gebeten hatte, Haydn möchte ihrer schwachen Brust nicht viel zumuten und sie oft ausruhen lassen. Über den Inhalt des Textes werden die Leser ohne Zweifel schon beim Lesen des Überschrift in Verwunderung geraten und ebenso wenig wie ich begreifen, wie der schlaue und dienstfertige Pudel einen Liebhaber zum Entschluß bringen könnte, eine Heirat zu beschleunigen? Vielleicht wird dies durch die Geschichte des Pudels verständlich.

Der Vorfall ist wahr. Der Pudel war des Liebhabers wirklich geliebtes Eigentum und hatte den vollkommensten Pudelverstand.

Auf einer kleinen Reise zu Fuß, die der Offizier in Gesellschaft eines Freundes unternommen hatte, sprach derselbe viel zum Lobe des Pudels, welches der Freund bezweifelte. Es kam zu einer Wette. Der Offizier scharrte unter einem Gesträuche einen Taler in die Erde mit der Versicherung, er wolle nach meilenweiter Entfernung «Such, verloren!» rufen, und der Pudel würde den Taler wieder zurückbringen. Die Verabredung wurde pünktlich vollzogen, doch ließ sich der Pudel bis zum anderen Morgen erwarten, denn er hatte in der Zwischenzeit ein sonderbares Abenteuer bestanden.

Ein junger Handwerksbursche war auf seiner Wanderschaft an das Gesträuche gekommen, legte sich ermüdet nieder, spielte mit den Grashalmen, fand den Taler und steckte ihn vergnügt in die Hosentasche. Nicht lange Zeit nachher kam auch der Pudel, fand den Taler nicht und folgte der Spur des Handwerkers, den er bald einholte, freudig an ihm hinaufsprang und ihm wie seinem Herrn schmeichelte. Der frohe Gesell hielt sich für doppelt glücklich und überrechnete schon, wieviel Geld er für den Pudel lösen würde. Das Tier folgte ihm bis zum nächsten Ort – bis in die Herberge – bis in die Schlafkammer und legte sich vor dem Bette, wo sein neuer Herr schlief, nieder. Am folgenden Morgen wurde der Handwerker, den der süße Schlaf überwältigt hatte, von einer Aufwärterin geweckt. Die Kammertür war inzwischen geöffnet, der Pudel nahm bedächtig des Handwerkers Hosen, rollte sie zu einem Knäuel zusammen, schlich mit dieser Bürde im Maul zur Tür hinaus und brachte dem Offizier die Hosen und in denselben den verlornen Taler zurück. Durch Nachfragen kam man der Wahrheit auf die Spur, und seit der völligen Enträtselung war der Pudel dem Offizier mehr noch als eine Geliebte.
Das Fräulein glaubte des Offiziers Herz zu erobern, wenn es die Tat des Pudels in Versen verewigte und, um Haydn anzuspornen, eine recht schöne Melodie zu verfertigen, hatte sie einen Dukaten im Briefe eingeschlossen mit der Bitte, diese kleine Summe nicht zu verschmähen. Eingeschränkte Glücksumstände verhinderten die Geberin, nach ihrem Wunsche zu belohnen.
Haydn setzte die Musik (in B-Dur), überschickte sie samt dem Dukaten an die Schöne und fragte sie, ob sie ihn für einen so kargen Geizhals hielte, der auf einen Dukaten erpicht wäre? Zur Strafe solle sie ihm mit eigenen Händen ein paar Strumpfbänder zum Andenken verfertigen. Die Schöne nahm das für Ernst und schickte bald darauf die Strumpfbänder [...]

Selbst-Bewusstsein

oder: Mit seinem wahren Selbst immer wieder in Kontakt kommen

Eines von Haydns wesentlichsten Geheimnissen offenbart sich in einer Geschichte, die er auf Schloss Esterházy erlebte:

Der Fürst liebte die Musik, und spielte selbst das Bariton, welches, nach der Meynung des Fürsten, bloß auf eine Tonart beschränkt seyn sollte. Haydn konnte darüber nichts Gewisses entscheiden, weil er das Instrument nur sehr oberflächlich kannte; dennoch glaubte er, es müßten demselben mehrere Tonarten angemessen seyn. Während Haydn, ohne Wissen des Fürsten, Untersuchungen über die Natur des Instruments anstellte, gewann er eine Neigung für dasselbe, und übte sich, wegen Zeitmangel, in späten Nachtstunden, in der Absicht, ein guter Spieler zu werden. Freylich wurde er oft in seinen nächtlichen Studien, durch das Schelten und Gezänke seiner Frau gestört; er verlor aber die Geduld nicht, und erlangte in Zeit von sechs Monathen seinen Endzweck. Noch wußte der Fürst nichts. Haydn konnte einer Anwandlung von Eitelkeit nicht länger widerstehen. Er ließ sich öffentlich vor dem Fürsten hören, spielte in mehreren Tonarten, und glaubte unendlich Beyfall einzuerndten. Der Fürst war jedoch gar nicht verwundert, nahm die Sache, wie sie genommen werden mußte, und sagte bloß: «Haydn! Das müssten Sie wissen!»

«Ich verstand den Fürsten vollkommen», sagte mir Haydn, «und ob mich gleich im ersten Augenblick die Gleichgültigkeit desselben schmerzte: so verdanke ich es doch seiner kurzen Erinnerung, daß ich plötzlich den Vorsatz fahren ließ, ein guter Baritonspieler zu seyn. Ich erinnerte mich, daß ich mir als Kapellmeister, und nicht als ausübender Virtuos, schon einigen Ruhm erworben hatte; machte mir selbst Vorwürfe, die Composition seit einem halben Jahre vernachläßigt zu haben, und wandte mich wieder mit neuem Eifer zu derselben.»

Es lohnt sich, diese Anekdote genauer unter die Lupe zu nehmen. Haydn hat das, was wir das «Ego» nennen, blitzschnell identifiziert. Die kühle Bemerkung des Fürsten: «Das müssten Sie wissen!», reichte völlig aus, um ihn daran zu erinnern, dass er sich unter Vernachlässigung seiner wahren Berufung der Eitelkeit hingegeben hatte, die sich in dieser Geschichte als unschuldiges Vergnügen tarnte.

Bariton

Haydn schämte sich nicht, seinem Biografen A. C. Dies die Geschichte zu erzählen. Wir erleben ihn zutiefst dankbar über seine Einsicht. Die Episode strahlt eine große Leichtigkeit aus. Ein halbes Jahr lang «verirrt» er sich in den Traum des Baritonvirtuosen, und er ahnt offensichtlich, dass dies nicht seine Bestimmung ist. Kaum erkennt er den «Fehler», kehrt er wieder zu seiner Lebensaufgabe zurück.

Kein Hadern, keine Tränen – ein paar Selbstvorwürfe und das Schiff ist wieder auf Kurs. Wir ahnen, was «wahres» Selbstbewusstsein heißt: Ein Gefühl dafür zu haben, wofür wir auf diese Erde gekommen sind, zu spüren, was sich genau durch uns aussprechen muss. «Wer tut es, wenn du es nicht tust?», diese Frage konnte Haydn nach seinem kleinen Ausritt klar beantworten.

Dass die Reise zum wahren Selbst-Bewusstsein des Umweges bedarf, das illustriert die Geschichte vorzüglich. Das wahre Selbst ist jener Teil von uns, der noch bewegt und

Schloss Esterházy

begeistert handelt, wenn wir alles Wollen, Müssen, Sollen hinter uns gelassen haben.

Wir alle kennen die Momente des Lebens, in denen etwas Beglückendes geschehen ist: durch uns geschehen ist! Die Empfindung, die uns dann überkommt, muss nicht notgedrungen Stolz sein. Vielleicht spüren wir einfach, dass sich etwas Sinnvolles, Wertvolles durch unser Tun manifestiert hat.

Haydns Gärtlein
oder: Über innere und äußere Gärten

Ein idyllischer Moment in der Biografie von A. C. Dies ist ohne Zweifel sein Rundgang durch Haydns Gumpendorfer Haus und den dazugehörigen Garten.

Ich würde die Leser vor Haydns Klavier führen. Sie würden, wenn Empfindsamkeit noch Mode wäre, bei der Ansicht desselben sich Haydns Muse vergegenwärtigen, vielleicht dasselbe, als einen unbezahlbaren Schatz, für eine große Summe erhandeln wollen.

Selbst der hinter dem Hause gelegene Hof würde die Leser unterhalten müssen. Ein Papagei, der in seinem eisernen Käfig in der wärmeren Jahreszeit Hüter des Hofes ist, würde interessieren. Freilich spricht er nicht wie Yoriks Star: «Ich kann nicht heraus!», aber er spottet doch die Sperlinge aus, mischt sich, wenn ein paar Dutzend derselben auf den nahen Dächern zanken, mit bewunderungswürdiger Nachahmungskunst in das Gezänke und überschreit sie alle. Zuweilen ahmt er die Flöte nach und durchläuft eine ganze Oktav oder er spricht die Worte: «Komm Haydn Papa zum schönen Paperl.»

Das allerliebste kleine Gärtchen! So würden die Leser mit mir begeistert ausrufen. Hier war es wo der große Tonkünstler sich an Gottes Sonne erwärmte und der Schöpfung nachdachte! – oder – und wie oft geschieht dies nicht! – er folgt den wohltätigen Trieben seines Herzens und läßt, wenn in

Wohnhaus in Wien-Gumpendorf

seinem Gärtchen ein Baum reiche Früchte trägt, die Kinder der Nachbarn herbeirufen, unterhält sich, da er Kinder ungemein liebt, mit ihnen und verteilt die reifen Früchte unter sie. Doch alles dies ist nicht mehr Mode, sonst hätte ich mit Vergnügen über diesen Stoff wenigstens ebensoviel gesagt, als ehemals über Rousseaus Hütte gesagt und geschrieben wurde.

Wenn wir heute Haydns Gärtlein im Hofe seines letzten Wohnhauses in Wien-Gumpendorf betreten, dann bekommen wir eine Ahnung davon, wie dieser Garten, den A. C. Dies so liebevoll beschreibt, vor über 200 Jahren ausgesehen haben könnte. Mit viel Liebe wurde er revitalisiert, den Besucher erwartet eine lebendige und gleichzeitig geordnete Idylle.

Wenn wir uns noch die verschwundenen Obstbäume hinzu denken und den alten Komponisten, wie er die reifen Äpfel unter den Nachbarkindern verteilt, dann tauchen wir in eine

Gartenwelt voller Frieden und Freude ein. Wir hören den Papagei spotten, Haydn plaudert mit den Kindern, die sich an seinen Früchten erfreuen, sieht ihnen lächelnd zu – eine Idylle des Friedens und der Schönheit baut sich vor uns auf. Wir erleben einen Flecken Natur, in dem sich Lebendigkeit und friedliche Ordnung begegnen, genauso wie in Haydns Musik.

Dieser Garten ist durchaus ein Sinnbild für die musikalischen Gärten, die wir Haydn verdanken. Wie ein Musikstück erzählt ein Garten über seinen Schöpfer. Der Schweizer Pianist Edwin Fischer hat in seinen «Musikalischen Betrachtungen» eine bezaubernde Kunsttheorie angeboten, die uns hilft, den tieferen Sinn in jedem künstlerischen Tun zu begreifen:

> **«Kunst ist Spiegelung des Lebens auf einer höheren Ebene, in der das Zufällige, Nebensächliche entschwand zugunsten einer dem Alltagsauge verborgenen Gesetzmäßigkeit, einer inneren Schönheit, die doch Wahrheit ist.»**

Ein Musikliebhaber berichtet von einen Besuch in Haydns Gumpendorfer Haus im Jahre 1797:

Beim Eintritt in den Saal hört man einen Papagei «Papa Haydn!» rufen. In einem von den Zimmern rechts sah man oft den großen Mann mit der unbedeutenden Gestalt von seiner Arbeit aufstehen, aber auch bei ihr sitzenbleiben, bis der Besucher ganz nahe war. Dort war es, wo er mir die Aria aus D-Dur aus der Schöpfung zeigte, die die Bewegungen des Meeres und das Aufsteigen der Felsen daraus schildern soll. «Sehen Sie», sagte er in einem scherzhaften Ton, «sehen Sie, wie die Noten wie die Wellen herauf- und herablaufen; sehen Sie auch da die Berge, die aus der Meerestiefe emporsteigen? Man muß sich bisweilen vergnügen, nachdem man

lange ernsthaft gewesen ist.» – Als wir aber danach zum hellen Bach kamen, der mit einsamem Geriesel im Tale hervorschleicht, ach! da wurde ich ganz hingerissen, wie selbst auf der ruhigen Oberfläche fließend. Ich vermochte es nicht, einige liebkosende Händedrücke auf meinem ehrwürdigen Alten zurückzuhalten, der am Klavier mit einer Einfachheit, die gerade ins Herz ging, sang.
[Frederik Samuel Silverstolpe]

So wie der Gärtner den unendlichen Reichtum der Natur in eine harmonische Form bringen kann, tut der Komponist Haydn in seiner Musik dasselbe mit den Landschaften des Herzens.

Die Spiegelung des Lebens auf einer höheren Ebene, die eine innere Schönheit hervorholt, finden wir in Haydns Garten ebenso wie in Haydns Musik.

Eines scheint mir wichtig: Die reichen musikalischen Gärten, die Haydn «pflanzte», wurden durch inneren Reichtum genährt. Ein offenes, fühlendes Herz, das sich all der Schönheit aber auch dem Schrecken des Lebens öffnen konnte, war die Quelle der musikalischen Fülle.
Keine Fertigkeit und kein Trick können dies ersetzen. So lädt uns Haydns Beispiel dazu ein, unseren inneren Reichtum über alles zu stellen.

Freundschaft

Joseph Haydn beantwortete 1787 eine Anfrage nach einer Opera buffa aus Prag mit diesen Worten; sein Brief erzählt alles, was über die freundschaftlichen Gefühle, die Haydn mit Mozart verbanden, zu sagen ist:

Sie verlangen eine Opera buffa von mir, recht herzlich gern, wenn Sie Lust haben, von meiner Singkomposition etwas für sich allein zu besitzen. Aber um sie auf dem Theater zu Prag aufzuführen, kann ich Ihnen dießfalls nicht dienen, weil alle meine Opern zu viel auf unsere Personale (zu Esterház in Ungarn) gebunden sind, und außerdem nie die Wirkung hervorbringen würden, die ich nach der Lokalität berechnet habe. Ganz was anderes wäre es, wenn ich das unschätzbare Glück hätte, ein ganz neues Buch für das dasige Theater zu komponiren. Aber auch da hätte ich noch viel zu wagen, indem der große Mozart schwerlich jemanden andern zur Seite haben kann. Denn könnt' ich jedem Musikfreunde, besonders aber den Großen, die unnachahmlichen Arbeiten Mozarts, so tief und mit einem solchen musikalischen Verstande, mit einer so großen Empfindung in die Seele prägen, als ich sie begreife und empfinde; so würden die Nationen wetteifern, ein solches Kleinod in ihren Ringmauern zu besitzen. Prag soll den theuern Mann fest halten – aber auch belohnen; denn ohne dieses ist die Geschichte großer Genien traurig, und giebt der Nachwelt wenig Aufmunterung zum fernern Bestreben; weßwegen leider so viel hoffnungsvolle Geister darnieder liegen. Mich zürnet es, daß dieser einzige Mozart noch nicht bey einem kaiserlichen oder königlichen Hofe en-

gagirt ist! Verzeihen Sie, wenn ich aus dem Geleise komme: ich habe den Mann zu lieb. Ich bin etc. Joseph Haydn. S. An das Prager Orchester und die dasigen Virtuosen mein ergebenstes Kompliment.

Haydn war völlig neidlos in der Wertschätzung für seinen Freund Mozart. Tiefes Bedauern empfand er darüber, dass Mozart noch nicht die Karriere gemacht hatte, die seinem Talent angemessen gewesen wäre. Mozart war Haydn wirklich «zu lieb». Mozart und Haydn: Das war eine tiefe Freundschaft, getragen von Wertschätzung und gegenseitiger Inspiration. Was an dieser Freundschaft ungemein berührt: Es trafen sich zwei strahlende Lichter und erkannten einander in ihrer Großartigkeit. Kein Zeitgenosse Haydns konnte seine Genialität so klar erkennen wie Mozart. Als Mozart seine sechs Haydn gewidmeten Quartette (KV 387, 421, 428, 458, 464, 465) veröffentlichte, setzte er den Werken eine Widmung voran:

Wien, den 1. September 1785
An meinen lieben Freund Haydn
Ein Vater, der beschlossen hatte, seine Kinder in die große Welt zu schicken und glaubte, sie der Protektion anvertrauen zu müssen, wurde zu einem sehr berühmten Mann geführt, der zu seinem Glück sein bester Freund war. – Hier also, berühmter Mann und gleichzeitig allerbester Freund, sind meine sechs Kinder. – Sie sind, es stimmt, die Frucht von vieler und langer Mühe, aber die mir von einigen Freunden gemachte Hoffnung, sie werde eines Tages wenigstens teilweise belohnt werden, gibt mir Mut und Zuversicht, dass mir diese Werke eines Tages vielleicht noch Genugtuung bringen werden. – Du selbst, liebster Freund, hast mir bei Deinem letzten Aufenthalt in dieser Stadt Deine Zufriedenheit mit ihnen gezeigt. – Hauptsächlich diese Deine Zustimmung beflügelt und ermuntert mich, sie Dir anzuvertrauen und lässt mich hoffen, dass sie Deiner Gunst nicht ganz unwürdig sind. – Nimm sie also wohlwollend auf, das bitte ich, und sei ihnen Vater, Führer und Freund! Von diesem Augenblick an übertrage ich Dir all meine Rechte: ich flehe dich aber an, betrachte mit Nachsicht jene Fehler, die dem getrübten Auge des Vaters vielleicht verborgen geblieben sind, und schenke trotz allem Deine großzügige Freundschaft demjenigen, der sie so schätzt, indem ich von ganzem Herzen bin
Dein aufrichtigster (sic) Freund W. A. Mozart

Die ganze abendländische Musikgeschichte kennt keinen Widmungstext dieser Art. Meistens war es damit getan, die Person, der die Widmung galt, namentlich zu erwähnen. Wenn also Wolfgang Amadeus Mozart von seiner begeisterten Dankbarkeit hingerissen wurde, diesen einmaligen Widmungsbrief zu verfassen, dann ahnen wir, was Joseph Haydn seinem jungen Freund bedeutete. Die Beziehung der beiden ist eine Antwort auf die Frage, was es Menschen letztendlich möglich macht, ihr Potential zu entfalten. Wir

Titelblatt der sechs Quartette, die Mozart Haydn gewidmet hatte

Menschen sind Beziehungswesen, wir sind alle angewiesen auf die Stimulation durch andere Menschen. Wohl fangen wir ab einem gewissen Alter an, diese Beziehungen aktiv zu wählen, und doch hängen wir auch dann davon ab, wie hell die «menschlichen Lichter» um uns leuchten. So fühlte etwa Haydn, dass er den Werken Carl Philipp Emanuel Bachs seine «Erweckung» zu verdanken hatte. Dass Mozart sein Genie so unvergleichlich entwickeln konnte, ist entscheidend an das Vorbild seines Freundes Joseph Haydn gebunden. Joseph Haydn veröffentlichte 1782 die Streichquartette op. 33. Das war ohne Zweifel ein Donnerschlag für seinen jungen Freund Mozart. Gerne stelle ich mir den Moment vor, in dem Mozart dieses Notenheft zum ersten Mal aufschlug, wie sein Blick plötzlich haften blieb an diesen kühnen Partituren, wie seine Augen zu leuchten begannen. Egal zu welcher Tageszeit er die Noten zu lesen begann, ich bin überzeugt, dass er sich erst viele Stunden später von diesen für ihn so kostbaren Notenblättern lösen konnte. Vielleicht hat er sie auch bei einer gemeinsamen Quartettsoiree mit Haydn und anderen Komponistenkollegen kennengelernt, wahrscheinlich als Bratschist des Ensembles – wie begeistert muss der junge Kollege über diesen kühnen Entwicklungsschritt Haydns gewesen sein! Bereits 1783 schrieb Mozart die Quartette KV 387, 421, 428, die ersten drei der Haydn gewidmeten Serie. Wenn wir diese Partituren neben die Quartette op. 33 von Joseph Haydn legen, ahnen wir, wie die Werke Haydns Mozart erschüttert, begeistert und stimuliert haben mussten. Mozart schämte sich nicht, auf der Spur zu wandern, die Haydn mit diesen Quartetten legte. Mozart imitierte den Tonfall Haydns und schuf eine neue Welt. Der Mozart vor diesem Umbruch ist ein Genie der Schönheit, der Mozart nach dieser zündenden Erfahrung ein Genie der Fülle.

Dass Haydns Wertschätzung für Mozart grenzenlos war, darüber gibt ein berühmter, immer wieder gern zitierter Ausschnitt aus einem Brief Leopold Mozarts Auskunft:

Am Samstag war abends Joseph Haydn und die 2 Baron Tindi [Tinti: Logenbrüder Haydns] bey uns, es wurden die neuen quartetten gemacht, aber nur die 3 neuen die er zu den anderen 3, die wir haben, gemacht hat sie sind zwar ein bischen leichter, aber vortrefflich componiert: Haydn sagte mir: Ich sage ihnen vor gott, als ein ehrlicher Mann, ihr Sohn ist der größte Componist, den ich von Person und Namen nach kenne: er hat Geschmack, und überdies die größte Compositionswissenschaft.

Auch hier begegnen wir dem neidlos Anerkennenden. Das Freundespaar Mozart und Haydn lehrt uns etwas unglaublich Einfaches: Kooperation stärkt, wenn die Richtigen zusammenkommen. Zwei verwandte Seelen überwinden ihre Einsamkeit – ich bin überzeugt, dass beide durch die Existenz des Freundes tiefen Trost empfanden.

1787 antwortet Haydn musikalisch auf die Quartette, die Mozart ihm gewidmet hat. Er veröffentlicht seine Quartette op. 50. Die musikalische Antwort Haydns auf seinen jungen Freund beleuchtet den gelassenen, vertrauenden Charakter Haydns eindrucksvoll. Haydn ist danach noch mehr Haydn also vorher. Er spürte, dass er nie etwas anderes sein musste als Joseph Haydn. Das ist umso bemerkenswerter, als kein Zeitgenosse Mozarts so klar sehen konnte, wie unglaublich die Leistung Mozarts in diesem Streichquartett war. Haydn hat das mit den Worten gewürdigt, dass Mozart seiner Meinung nach über «die größte Compositionswissenschaft» verfüge.

Wie tröstlich fühlen wir doch die Ahnung, dass eine verwandte Seele im Universum schwingt. A. C. Dies schildert eine der letzten Begegnungen der beiden. Wir steigen in die Szene ein, in der Haydns Freundeskreis sich mit seiner ersten Einladung nach London beschäftigt:

Der Fürst Anton erteilte die Erlaubnis zu der Reise sogleich, nur war es Haydns Freunden, die ihn doch vorher so oft überreden wollten, Wien zu verlassen, nicht recht. Sie stellten ihm sein Alter von sechzig Jahren, die Unbequemlichkeiten einer großen Reise und viele andere Dinge vor, um seinen Entschluß wankend zu machen; aber umsonst! Mozart gab

gezeichnet von Leonardo, 10 Jahre alt

sich vorzügliche Mühe und sagte: «Papa!» (so nannte er ihn gewöhnlich), «Sie haben keine Erziehung für die große Welt gehabt und reden zu wenige Sprachen.» – «Oh!» erwiderte Haydn, «Meine Sprache verstehet man durch die ganze Welt.»

Die letzte Begegnung der beiden konfrontiert uns mit der unheimlichen menschlichen Fähigkeit, Dinge vorauszuahnen. Gleichzeitig schwingt in dieser Szene die tiefe Verbundenheit, die diese große Freundschaft auszeichnete:

Nach Berichtigung dieser und häuslicher Angelegenheiten wurde die Abreise festgesetzt und erfolgte den 15. Dezember 1790 in Gesellschaft des Salomon. Mozart verließ an diesem Tage seinen Freund Haydn nicht. Er speiste bei ihm und sagte in dem Augenblick der Trennung: «Wir werden uns wohl das letzte Lebewohl in diesem Leben sagen.» Tränen entquollen beider Augen. Haydn wurde sehr gerührt, denn er deutete Mozarts Worte auf sich, und es fiel ihm der mögliche Fall nicht ein, daß Mozarts Lebensfaden schon im folgenden Jahre von der unerbittlichen Parze abgeschnitten werden konnte. [A. C. Dies]

Freiheit, Gleichheit, Brüderlichkeit

op. 76/1, G-Dur, Hob. III: 75, 1. Satz: Allegro con spirito
▶ CD Tracknr. 1

In meiner Kindheit war die Idee einer Geheimsprache für mich etwas unglaublich Aufregendes. Die Vorstellung, verschlüsselte Botschaften an Eingeweihte weiterzugeben, fand ich höchst abenteuerlich. Ebenso aufregend war es für mich, geheime Botschaften zu deuten.

Eine der spannendsten Geheimbotschaften des 18. Jahrhunderts ist für mich der erste Satz des Streichquartetts in G-Dur op. 76/1, Hob. III: 75. Während sich im Frühwerk Haydns das Gespräch oft auf den Dialog zwischen der Königin 1. Violine und den restlichen Stimmen als untergebene Gruppe reduziert, erreicht Haydn hier das Ideal eines gelungenen Miteinanders. In diesem Satz lernen wir, was alles nötig ist, um einen echten Dialog zwischen mehreren Gesprächspartnern entstehen zu lassen. Nach drei Akkorden, die uns als Hörer einladen, uns bereit zu machen, folgt das Ungeheuerliche: Alle vier Stimmen, vom Cello bis zur 1. Violine, äußern sich hintereinander mit der Motivzelle des Satzes – jeder sagt, was er zu sagen hat und zwar einer nach dem anderen. So einfach diese Idee wirkt, so etwas hat es zuvor noch nie gegeben. Die Idee der Gleichheit, wenige Jahre zuvor in der Französischen Revolution proklamiert, findet hier eine musikalische Form. Wir dürfen davon ausgehen, dass die Zeitgenossen eine derartige musikalische Idee deuten konnten. Vier musikalische Individuen äußern sich hintereinander in vollkommener Gleichwertigkeit. Heute sind Spieler und Hörer noch genauso von der Idee bezaubert, jedem der Mitwirkenden zu Beginn des Spieles einen würdigen Platz zuzuweisen. Hier begegnen wir dem ersten Geheimnis gelingender Gemeinschaft: Jeder wird als Individuum gesehen und gewürdigt.

Der nächste musikalische Schritt ist naheliegend. Wenn unsere Einzigartigkeit gewürdigt wurde, gibt es nichts Schöneres, als die Gruppe mit dem individuellen Schatz, der wir sind, zu bereichern. Die Stimmen verbinden sich, ohne zu verschmelzen. Auch diese Nuance ist bedeutsam: Die klanglichen Möglichkeiten des Streichquartetts lassen diese Schattierung zu und Haydn nutzt sie bewusst. Dann entsteht etwas, das wir durchaus als Metapher für eine geglückte Kommunikation betrachten dürfen, eine Art Rezept für gelingende demokratische Gemeinschaften. Es webt sich ein Miteinander der Stimmen; Rede und Gegenrede, Argument und Gegenargument tauchen auf und verschmelzen zu etwas Neuem. Die erste Stimme übernimmt durchaus die Führung, diese «Führungsstimme» schält sich allerdings in einem natürlichen Prozess aus der Gruppe: eine demokratisch gewählte Führung sozusagen, die von starken, lebendigen Stimmen getragen und unterstützt wird. Die soziale Botschaft ist ein Donnerschlag – vier Individuen verschmelzen zu einem Ganzen und wahren gleichzeitig ihre individuelle Stimme, das Geheimnis geglückter Gemeinschaft manifestiert sich in einem herrlichen Musikstück.

Freiheit, Gleichheit, Brüderlichkeit: Dies sind Schätze, die erst Gespräche ermöglichen und jeden Teilnehmer wahrhaft bereichern. Die Entwicklung der gesellschaftlichen Ideen im

18. Jahrhundert spiegelt sich eindrucksvoll in den Quartetten, die Haydn in einem Zeitraum von über 50 Jahren komponierte. Nach 64 Jahren seiner Lebensreise war es so weit: Haydn konnte seine musikalische «Unabhängigkeitserklärung» in diesem bezaubernden Quartettsatz verwirklichen.

Haydn war ein loyaler Diener seines Fürsten und gleichzeitig war sein Herz offen für die Ideen der Aufklärung. Durch seine Englandreisen fand er dann nach dem Tod von Fürst Nicolaus zu der Freiheit, auf die er ein Leben lang gewartet hatte. Was es für Haydn bedeutete, ein freier Mann zu sein, belegt ein Briefausschnitt eindrucksvoll:

[...] wie süss schmeckt doch eine gewisse Freyheit, ich hatte einen guten Fürsten, musste aber zu Zeiten von niedrigen Seelen abhangen, ich seufzte oft um Erlösung, nun habe ich Sie einigermassen ...
[Brief an Maria Anna von Genziger, 17. September 1791]

Haydns Geheimnis

Der amerikanische Psychologe Mihaly Czikszentmihalyi hat eines der faszinierendsten Kreativitätsmodelle entwickelt. Kreativität, postuliert er, ereignet sich in der Wechselbeziehung dreier Komponenten – der Domäne, dem Feld und dem Individuum.

Das Individuum ist die kreative Persönlichkeit, in unserem Falle Joseph Haydn.

Die Domäne Haydns ist die Musik, das Komponieren von Instrumentalwerken, Messen, Oratorien und Opern und deren Aufführung.

Haydns Feld sind die Musikinteressierten und Musikschaffenden Wiens, später die Fürsten Esterházy, dann London und die ganze europäische Musikwelt.

Am Beispiel Haydns lässt sich hervorragend nachvollziehen, welche Bedingungen zusammenspielen müssen, damit sich eine kreative Persönlichkeit optimal entfalten kann. Haydns Leben ist ein glückliches Wechselspiel aus Umständen, das Feld veränderte sich immer wieder zur richtigen Zeit und bot dem Komponisten neue Entwicklungsmöglichkeiten.

Das Feld, das bedeutete in den ersten Lebensjahren das gemeinsame Singen mit seinem Harfe spielenden Vater.
Wenn der Vater sang, schreibt A. C. Dies, so begleitete Joseph den Gesang nach Art der Kinder mit einem Stück Holz,

welches er mit einem Stecken strich, und das ihm die kindische Einbildungskraft zu einer Geige umschuf. Dass der älteste Sohn des Wagners Haydn ein wunderbarer Sänger war, sprach sich herum und der Schulmeister Frank aus Hainburg nahm den sechsjährigen Joseph zu sich, um ihn auszubilden. Der Traum der Eltern, so die Grundlage einer geistlichen Karriere für ihren ältesten Sohn zu schaffen, machte ihnen die Zustimmung zu diesem Abschied leicht.
Das Feld in Hainburg gestaltete sich günstig für den kleinen Joseph.
Hier erhielt er Unterricht im Lesen und Schreiben, im Catechismus, im Singen, und fast in allen Blas- und Saiten-Instrumenten, sogar im Paukenschlagen. [G. A. Griesinger]
Erstaunlich scheint mir der Umstand, dass ein Sechsjähriger schon in fast «allen Blas-und Saiten-Instrumenten, sogar im Paukenschlagen» ausgebildet wurde. Haydn nahm dies öfters dankbar zur Kenntnis:
«Ich verdanke es diesem Manne noch im Grabe», sagte Haydn öfters, «daß er mich zu so vielerley angehalten hat, wenn ich gleich dabey mehr Prügel als zu essen bekam.»
[G. A. Griesinger]

Haydns Einstieg ins offizielle musikalische Leben als Sängerknabe im Stephansdom war ideal. Hörend und singend konnte er ein großes Repertoire an Kirchenmusik kennenlernen, den Umgang mit dem Klavier und den Streichinstrumenten vermochte er in dieser Zeit ebenso zu vertiefen.

Spannend wird es, wenn wir uns der Zeit nach seiner Entlassung als Sängerknabe widmen. Wie schon im Eröffnungskapitel erwähnt, hat sich Haydn praktisch als Autodidakt zum Komponisten ausgebildet. Wenn wir diesen ersten Schritt seiner Karriere untersuchen, wird uns schnell klar, dass sich ein scheinbar eklatanter Nachteil zu einem enormen Glück entwickelte. Er kaufte sich alle erhältlichen Lehrbücher und

arbeitete sich durch diese Werke durch. Wir können durchaus annehmen, dass Haydn länger brauchte, als wenn er einen Lehrer gehabt hätte, aber genau dieses Nachdenken, Hinterfragen und Probieren könnte es gewesen sein, das Haydn befähigte, seine persönliche Sprache zu finden.

Er hatte zwar, abgesehen von wenigen Ratschlägen Porporas, keinen Lehrer, war aber durch das pulsierende Musikleben Wiens sehr wohl an das Feld angeschlossen.

Nach seiner ersten richtigen Stelle als Kapellmeister des Grafen Morzin in Wien folgte mit seiner Berufung als «Vicekapellmeister» an den Hof Esterházys eine entscheidende Veränderung des Feldes, um bei Czikszentmihalyis Modell zu bleiben. Hier lassen wir Haydn zu Wort kommen:
«Mein Fürst war mit all meinen Arbeiten zufrieden, (Haydn fühlte sich geschätzt und anerkannt, er hat keinen Leistungsdruck), ich erhielt Beyfall, ich konnte als Chef des Orchesters Versuche machen, beobachten, was den Eindruck hervorbringt, was ihn schwächt, also verbessern, zusetzen, wegschneiden, wagen; (Das Feld bot ideale Entwicklungsmöglichkeiten; in dem entspannten Klima fand er ein bestens ausgestattetes Laboratorium, um sich als Komponist zu entwickeln.) ich war von der Welt abgesondert, Niemand in meiner Nähe konnte mich an mir selbst irre machen und quälen und so mußte ich original werden.» [A. C. Dies]

Diese scharfsinnige Selbstreflexion ist bemerkenswert: Haydn war sich völlig bewusst, dass er das ideale Feld gefunden hatte, um sich als Komponist und Interpret zu entwickeln – ein ständiges Ineinandergreifen von Theorie und Praxis in einem Klima großen Wohlwollens. Aber was wahrscheinlich viel mehr wiegt, ist die Tatsache, dass er von allem getrennt war, das ihn irre machen oder quälen hätte können. Das half, ihm, «original» zu werden.

Ich finde es ungemein lohnend, über diesen Punkt nachzudenken. Wo finden wir in unserem eigenen Leben dieses Klima des wohlwollenden Vertrauens, in dem Versuche gemacht werden können, wo verbessert, zugesetzt, weggeschnitten und vor allem gewagt werden kann? Ist da wirklich niemand, der uns oder die jungen Lernenden quält oder an sich selber irre macht? Haydns Biografie ist ein schönes Beispiel dafür, wie Menschen auf ihre Umstände reagieren, wenn «sie aus sich selbst bewegt» werden, wie Meister Eckehart es so schön formulierte. Haydn konnte in Eisenstadt zum originellen, wegweisenden Musiker seiner Zeit heranwachsen. Dieser ideale Entwicklungsrahmen fand noch durch die Winter in Wien eine ideale Abrundung – so war er für die Wintermonate an das große Feld angeschlossen.

Auch die nächste große Veränderung im Leben Haydns lehrt uns, dass alles seine Zeit hat. In den Jahrzehnten unter Fürst Esterházy hat sich Haydn zu einer starken, krisensicheren Musikerpersönlichkeit entwickelt. Nach Jahrzehnten als Kapellmeister der Fürsten Esterházy sehnte sich Haydn im Frühjahr 1790 nach einer örtlichen Veränderung, wie seine sehr persönlichen Briefe an Maria Anna von Genzinger es eindrücklich mitteilen. Die Einladung des Geigers und Konzertunternehmers J. P. Salomon, nach London zu kommen, und der Tod seines Fürsten brachten die ersehnte Veränderung. London war der nächste Meilenstein in Haydns Leben. Nach dem Tod von Fürst Nikolaus war er bereit für den Schritt in den damaligen musikalischen Hexenkessel Europas. Als er 1791 seine erste Londonreise antrat, reiste ein reifer, selbstsicherer, gelassener Komponist in die Stadt, in der ein Komponist zum Star werden konnte.

Vergegenwärtigen wir uns, welchem Leistungsdruck er nun ausgesetzt war. Er reiste mit einem bereits legendären Ruf nach England. Es hieß also, einer enormen Erwartungshal-

Haydns Wohnhaus in Eisenstadt

tung standzuhalten. Dann hatte er den Ruf zu verteidigen, den er sich nach seiner Ankunft gefestigt hatte. Er tat dies bravourös mit den Kompositionen, die er in London schrieb. Jede Woche fand ein Konzert mit Werken Haydns statt, daneben warteten unglaublich viele gesellschaftliche Verpflichtungen auf ihn – und Haydn bewältigte alles glänzend, niemand konnte ihn irre machen, um seine Worte zu verwenden. Zurück zur Theorie von Individuum, Domäne und Feld: Haydn fand wieder das ideale Feld vor. Seinen Londoner Jahren verdanken wir eine Fülle fantastischer Werke, er wurde gefeiert, geehrt, beneidet, bekämpft. All das konnte er entspannt hinnehmen. Seine Aufzeichnungen aus England vermitteln uns einen interessierten, lernenden Beobachter Englands und Londons im Besonderen. Seine zweite Englandreise 1794 bewältigte er noch souveräner, und sie verlief noch erfolgreicher.

Auf diese turbulenten Zeiten als «Superstar» in der Musikstadt London folgte die letzte große Veränderung des Feldes im Leben Joseph Haydns, und auch diese schien sich ideal auf die Tätigkeit in seiner Domäne, der Komposition, auszuwirken. Haydn bezog ein Haus in der Vorstadt Wiens, in Gumpendorf. Genährt durch die unglaubliche Resonanz auf seine Werke in England schrieb er nun noch die großartigen Streichquartette op. 76 und op. 77 und die großen Oratorien «Die Schöpfung» und «Die Jahreszeiten».

Was sich als Erkenntnis aus Haydns Lebenslauf aufdrängt: Es lohnt sich, das Feld, in dem wir uns bewegen, immer wieder anzusehen und uns ehrlich zu fragen, ob unsere Lebensumstände uns stimulieren und uns helfen, unser Potential zu entfalten.

Haydns Schöpfung
1808 im Festsaal der Wiener Universität

Der letzte Auftritt im Feld ist eine bewegende Geschichte, die erzählt werden will. 1808, also ein Jahr vor seinem Tod, wurde eine Aufführung der «Schöpfung» im Festsaal der Wiener Universität zu Ehren des «Vaters der Symphonie und des Streichquartetts», als der er bewundert wurde, angesetzt. Die gesamte Wiener Gesellschaft war anwesend und die Veranstaltung war ein Triumph ohnegleichen. Nach Beendigung des ersten Teils war Haydn so schwach, dass er bat, nach Hause gebracht zu werden. Die nun folgende Szene wollen wir uns von G. Carpani, der bei dieser Zeremonie anwesend war, schildern lassen:

Zurufe und des Applauses des ganzen Saales näherte sich der Meister des Wohlklanges den Stufen. Jedoch bei Ausgangstür angelangt, gebot er Halt. Die beiden Träger gehorchten und drehten ihn dem Publikum zu. Er dankte ihnen mit entsprechenden Gesten, und dann, indem er zum Himmel blickte und mit Tränen in den Augen, segnete er seine Kinder.

Ist das nicht eine zutiefst menschliche Weise, das Feld zu verlassen?

Seelentiefe

«Das wahre Leben ist das innere Leben»

op. 76/1, G-Dur, Hob. III: 75, 2. Satz: Adagio
▶ CD Tracknr. 2

Das Adagio des Streichquartetts in G-Dur ist ein ideales Medium, um in das innere Leben einzutauchen: «Mezza voce» schreibt Joseph Haydn als Vortragsbezeichnung – «mit halber Stimme» zu singen, und dieses «Mezza voce» schwingt auch in seinen Tönen; zurückgenommen, verinnerlicht klingt hier die Musik. Mit jeder Phrase reisen wir mehr nach innen, in jene Räume der Seele, in die nur das Wirkliche einzudringen vermag. Nach dem Anfang des Satzes entwickelt sich über einem Pochen ein berückendes Gespräch zwischen der 1. Geige und dem Cello. In die Tiefe und den Ernst fließt in diesem Dialog spielerische Leichtigkeit [▶ CD Tracknr. 2, 0:59 – 1:20] – das scheinbar Gegensätzliche verschmilzt und führt uns in eine neue Dimension.

«Das wahre Leben ist das innere Leben, die Verwirklichung Gottes», schrieb der indische Musiker und Mystiker Hazrat Inayat Khan.

Dass wir überhaupt den Gedanken von der Tiefe eines Gefühls denken können, lässt darauf schließen, dass Menschen die Fähigkeit besitzen, die Tiefe ihrer Gefühle zu differenzieren. Das Wunder der Musik lässt uns jeden Zweifel überwinden. Wenn wir in dieses Adagio hineinlauschen, dann dringen wir in einen Seelenraum vor, der tief unter der Oberfläche der Alltagsemotionen verborgen ist – es könnte durchaus sein, dass uns ein Gefühl von Andacht überkommt und eine Ahnung von den zahllosen Geheimnissen, die unter der Oberfläche des Lebens verborgen sind.

Am Ende des Satzes tauchen wir ein in einen magischen Moment [▶ CD Tracknr. 2, 4:20 – 4:33], die Musik stockt. Was nun geschieht, führt uns noch tiefer in diesen Raum jenseits der Klänge, in dem die Pausen ebenso schwingen wie die Töne. Flüsternd vollendet er diese Phrase, durchbrochen von Pausen, in denen Ewigkeit mitschwingt. Wenn wir gläubig sind, halten wir die Empfindung, die uns diese Musik vermittelt, vielleicht für ein religiöses Gefühl und die Begegnung mit dieser Musik für eine spirituelle Erfahrung. Aber selbst wenn uns religiöse Gedanken fremd sind, erleben wir vielleicht, was Rainer Maria Rilke in einem Gedicht des Stundenbuchs eindrücklich so beschreibt:

Wer seines Lebens viele Widersinne
versöhnt und dankbar in ein Sinnbild fasst,
der drängt die Lärmenden aus dem Palast,
wird anders festlich, und du bist der Gast,
den er an sanften Abenden empfängt.

Du bist der Zweite seiner Einsamkeit,
die ruhige Mitte seinen Monologen;
und jeder Kreis, um dich gezogen,
spannt ihm den Zirkel aus der Zeit.

Rainer Maria Rilke

Weisheit des Abschieds

op. 9/4, d-Moll, Hob. III: 22, 2. Satz: Adagio
CD Tracknr. 7

Wenn im Alter die Kräfte schwinden, gehört dies sicher zu den größten Herausforderungen, die das Leben für einen kreativen, lebensfrohen Menschen bereithält. A. C. Dies schildert folgende Szene:

«Wie befindet sich Haydn?» – «Lieber Gott», war die Antwort, «er ist äußerst schwach und verliert die Geduld, weil er den ganzen Vormittag einen Brief von einem Kapellmeister sucht und nicht finden kann.» Ich nannte den Namen Zelter, und der Aufwärter rannte eiligst davon.
Ich fand Haydn bei diesem Besuche wirklich schwach, so daß ich mir nur eine geringe Ausbeute für diese Nachrichten versprach.

Haydn entschuldigte sich, daß er zu mir geschickt habe: «Ich wußte mir nicht anders zu helfen, denn es quält mich erschrecklich, wenn mir das Gedächtnis untreu wird. Ich wollte mich in der Einsamkeit mit einem Freunde unterhalten, ich konnte weder Brief noch Namen finden. Beschäftigung muß ich haben. Gewöhnlich verfolgen mich musikalische Ideen bis zur Marter, ich kann sie nicht loswerden, sie stehen wie Mauern vor mir. Ist es ein Allegro, das mich verfolgt, dann schlägt mein Puls immer stärker, ich kann keinen Schlaf finden. Ist es ein Adagio, dann bemerke ich, daß der Puls langsam schlägt. Die Phantasie spielt mich, als wäre ich ein Klavier.» Haydn lächelte, das Blut färbte plötzlich sein Gesicht röter, und er sagte: «Ich bin wirklich ein lebendiges Klavier. Schon seit mehreren Tagen spielt es in mir ein altes Lied, in E minor, das ich in meiner Jugend oft gespielt habe: ‹O Herr! wie lieb' ich dich von Herzen›. Wo ich gehe und stehe, überall hör' ich's. – Aber kurios, wenn es mich so innerlich quält, nichts helfen will, um die Qual loszuwerden, und mir fällt nur mein Lied ein ‹Gott erhalte Franz, den Kaiser›, dann wird mir leichter, es hilft.»
«Das wundert mich nicht», sage ich, «denn ohne Schmeichelei, ich halte das Lied für ein Meisterstück.»
«Beinahe halte ich es selbst dafür, ob ich's gleich nicht sagen sollte.»

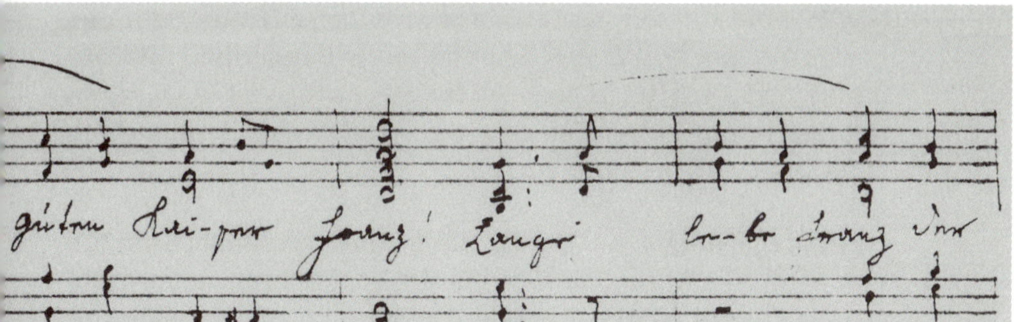

Haydn erlebte die Herausforderungen des Alters klar und bewusst, er litt unter seiner Vergesslichkeit, er litt unter der Musik, die ständig in ihm erklang und dann gelang im lächelnd der Ausweg in den Humor, wenn er sagte: «Ich bin wirklich ein lebendiges Klavier.» Haydns Talent, dem Leben konstruktiv und aktiv zu begegnen, bringt diese Momentaufnahme klar zu Tage: «Aber kurios, wenn es mich so innerlich quält, nichts helfen will, um die Qual loszuwerden, und mir fällt nur mein Lied ein ‹Gott erhalte Franz, den Kaiser›, dann wird mir leichter, es hilft.»

Ich finde seinen eigenen Lösungsansatz genial. Haydn griff aktiv in das innerliche Konzert ein und ersetzte die quälenden Melodien durch ein Lied, das ihm half, das ihm Erleichterung verschaffte.

Das war der Greis Joseph Haydn: Er sah die Beschwerden, bedauerte sie, sah ihnen aber sehr klar ins Auge und nahm sie bewusst an. Darin offenbarte sich ein wesentliches Geheimnis seiner Lebenskunst. Er nahm das Leben, wie es war, beschönigte nichts, akzeptierte die unvermeidlichen Bürden. Gleichzeitig finden wir einen dankbaren Menschen vor, der sich gerne erinnerte, einen Menschen, den sein Humor bis zum Ende nicht verlassen hat.

Haydn fand für sich ein außergewöhnliches Ritual, um das Loslassen der Fülle des Schaffens zu bewältigen. Bezaubernd finde ich an dieser Anekdote auch, wie A. C. Dies Haydns Ritual aufnimmt und die Persönlichkeit Haydns in einer großen Tiefe erfasst.

Haydns Schwäche, bei dem gesundesten Aussehen, erlaubte ihm nicht, die Materialien zu diesen Nachrichten zu vermehren. Er konnte nicht ohne Mühe reden und mußte auch mit den Kräften haushalterisch umgehen, weil er heute schon

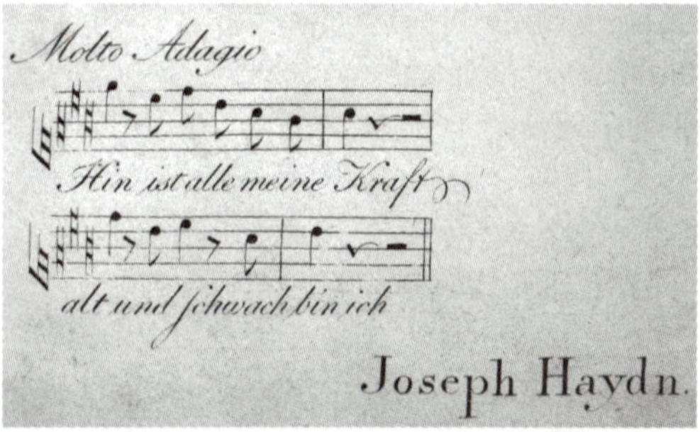

Visitenkarte

mehrere Besuche angenommen hatte und jetzt Herr ++ angemeldet wurde.
«Mein Advokat», sagte Haydn zu mir. «Sie haben doch keinen Prozeß?»– «Das nicht, aber dann und wann werden einige kleine Zusätze zu meinem Testament gemacht.» – «Wie? Ist das Testament schon gemacht?» – «Schon seit langer Zeit. Ich bin jeden Augenblick zum Tode bereit.»
Haydn stand jetzt mit Mühe von seinem Stuhl auf, trippelte dem Schreibtische zu, nahm ein Visitenbillott, gab es mir und sagte im Ton der ruhigsten Fassung: «Sehen Sie, womit ich mich seit Ihrem letzten Besuche beschäftigt habe. Ich habe mir ein Visitenbillett stechen lassen. Da, lesen Sie selbst, Gellerts Worte auf mich angewendet: Hin ist alle meine Kraft, alt und schwach bin ich.»
Ich leugnete nicht, dass ich mich gerührt fühlte, und um die Rührung zu verbergen, nahm ich Abschied. Auf dem Heimwege machte ich allerlei Glossen über Weinen und Lachen. Oft habe ich über ein Grabschrift lachen müssen. Aber heute, zum ersten Male in meinem Leben, versetzte mich ein Visitenbillett in eine entgegengesetzte Stimmung. Die Rührung konnte jedoch nicht von langer Dauer sein, denn ich merkte bald, daß, solange man seine Schwachheit einsehen, gestehen und mit dem Geständnis derselben scherzen kann, noch Geisteskraft vorhanden sein müsse. In Haydns Charakter ist ein genialisch witziger, neckender, doch dabei immer kindlich unschuldiger Stoff verwebt.

Ich finde, es braucht großen Mut, sich diesen Abschied von der Schaffensfülle auf so klare offene Art einzugestehen. Haydn war ein lebensfroher Mensch, und doch war er meilenweit von dem entfernt, was wir heute oft als zwanghaftes positives Denken beobachten können. Rainer Maria Rilke beschreibt diese Einstellung, die sich dem Leben vertrauend öffnet, mit unvergleichlichen Worten: «Und ich will nicht sagen, daß man irgend ein Schweres abzuschwächen oder weniger zu Herzen nehmen sollte, [...] im Gegentheil, je vollständiger wir es durchmachen, desto mehr reißt und drängt es uns mit seinem Gewicht dem Mittelpunkte des Lebens zu, dessen Gravitation so zentripetal orientiert ist, dass nur die, die sich künstlich leicht machen, sich ihm entfremden können. Wie sehr auch die und jene Loslösung vom Zuverlässigen oder Vertrauten oder Geliebten uns entsetzen mag –, [...] was wir zuletzt erfahren [...] ist ein vollkommenes, unerschütterliches, ja erhabenes Eingelassensein ins Ganze. [...]»

Haydn entschied sich dafür, sich eine Visitenkarte stechen zu lassen, in der er die «Loslösung vom Zuverlässigen» in klare Worte fasste, es war seine Weise, das Schwere vollständig durchzumachen, um bei den Worten Rilkes zu bleiben.

Dass ihn diese Haltung «dem Mittelpunkte des Lebens» zuführte, darüber besteht kein Zweifel. G. A. Griesinger schreibt:

Sein Gemüth war von der Überzeugung, daß alle menschlichen Schicksale unter der leitenden Hand Gottes stehen, [...] daß alle Talente von oben kommen, aufs lebhafteste durchdrungen.

Trotz seines großen Vertrauens war es sehr schwer für Joseph Haydn, das Komponieren aufzugeben, jene Tätigkeit die ihn über 60 Jahre erfüllt und begeistert hatte:

Haydn hatte im Jahr 1803 noch zwei Quartettsätze komponiert. Er wartete bis ins Jahr 1806 auf Zunahme seiner Kräfte und auf eine günstige Stimmung, um noch ein Allegro beifügen zu können: aber umsonst, und daher ist, statt des fehlenden Stücks, die oben angeführte Visitenkarte abgedruckt worden [...].

«Es ist mein letztes Kind, [...] aber es sieht mir doch noch ähnlich.» [G. A. Griesinger]
So äußerte er sich über dieses letzte unvollendete Quartett.

Das «Eingelassensein in das Ganze», wunderbar wirkte es in seinen letzten Lebenstagen. G. A. Griesinger erzählt:

Den letzten Besuch empfing Haydn am 17ten May. Es war ein Kapitain von der französischen Armee, ein geborner Italiener, der ihn zu sprechen wünschte. Als ihm der Bediente sagte, dass sein Herr im Bett liege, bat der Kapitain, dass es ihm wenigstens vergönnt seyn möchte, den vom ihm so hochgeehrten Mann nur durch das Schlüsselloch zu sehen. Haydn, der davon benachrichtiget war, ließ den Offizier vor sich kommen; mit Begeisterung schilderte der Krieger die Gefühle, die ihm Haydns Nähe einflöße, und den hohen Genuß, den er beim Studium seiner Werke verdanke. Auf Haydns Bitte sang er am Klavier in einem Nebenzimmer in großer Vollkommenheit die Arie aus der Schöpfung: «Mit Würd' und Hoheit angethan.» Haydn war innigst bewegt, der Offizier nicht weniger, sie fielen sich um den Hals, und verließen sich unter den heißesten Thränen.

Im Mai 1809 war die Armee vor den Toren Wiens angelangt – die Stadt wurde von den Kanonen der französischen Armee beschossen. Diener Johann Elßler schildert Haydns friedlichen Abschied vom Erdenleben:

Samstag als den 27ten May verlangte unser guter Papa früh morgens um halb neun Uhr wie gewöhnlich aufzustehen und anzukleiden, aber die Kräfte des Körpers liessen es nicht mehr zu, und so kam unser guter Papa auch nicht mehr aus dem Bette. Die Beteubung nahm immer mehr und mehr zu, aber so ruhig und willig in allem, das wir uns darüber verwunderten. Unser guter Papa klagte keine Schmerzen, und wenn mir fragten wie es ihm gehe, so bekamen mir immer zur Antwort, «Kinder seid getröstet, es gehet mir gut.»

[...] und unser guter Papa wurde immer schwächer und ruhiger, 4 Stunden vor dem hinscheiden hat unser guter Papa noch gesprochen, dann haben wir aber keinen laut mehr gehört, Empfindungen und gekennt hat unser guter Papa noch 10 Minuten vor seinem Ende, da drückte unser guter Papa die Nannerl noch bey der Hand, und den 31ten May früh morgens fünf Minuten vor ein Viertel auf ein Uhr entschlief unser guter Papa seelig und sanft, beym Hinscheiden war niemand als wir Dienstleute und ein Nachbarsmann, welcher auch als Zeuge In Testament unterschrieben ist.

Spielen

op. 50/1, B-Dur, Hob. III: 44, 1. Satz: Allegro
CD Tracknr. 9

Einfach nur Spielen: Was das Leben unserer Kindheit erfüllt, verlieren wir im Erwachsenenalter zunehmend. Haydn hatte sich die Begeisterung für das Spielen um des Spielens willen in seinem Erwachsenenleben erhalten. In diesem Eröffnungssatz tut er es auf ungewöhnliche, zauberhafte Weise. Aus der Konvention des 18. Jahrhunderts betrachtet, beginnt er schon mit einer Ungeheuerlichkeit. Das pulsierende Wiederholen eines Tones im Violoncello eröffnet den Satz – Haydn fängt mit einer einstimmigen Begleitung ohne irgendwelche Zutaten an, also eigentlich mit nichts. Niemand hätte so etwas gewagt, wahrscheinlich wäre es auch niemandem eingefallen. Mit diesem Anfang wird jede Konvention auf den Kopf gestellt. Es verlangte wirklich große Unbekümmertheit und einen ganz eigenständigen Kopf, um so etwas zu wagen. Gewiss hat er mit diesem Beginn vielen Zeitgenossen schon ein erstes Kopfschütteln oder ein Schmunzeln abgerungen.

Das Geheimnis dieses nackten Beginns lüftet sich nach wenigen Sekunden: Haydn legt eine winzige liedhafte Melodie über das Pulsieren. Das schlichte eintaktige Motiv wirkt wie ein warmer Sonnenstrahl – eben weil es so vorbereitet wurde. Was wir dabei lernen, ist ergreifend: In der passenden Umgebung kann etwas Unscheinbares seine verborgene

Schönheit entwickeln. Ein schlichtes kleines Motiv erstrahlt und blendet uns wie ein kostbarer Edelstein.

Dann beginnt das von Haydn erfundene Spiel, die thematisch motivische Arbeit. Aus einer winzigen «Musikzelle» wird eine große Architektur entwickelt. Dieses kleine Motiv, das einem Volkslied abgelauscht sein soll, entfaltet ein grandioses Leben, verwandelt sich. Ein winziges Triolenmotiv gesellt sich noch zu dieser Keimzelle und entfaltet sich auch zu einem Thema.

Wir erleben staunend, wie Verwandlungen mit einfachsten Mitteln gelingen. Die Bausteine des Beginns werden farbenfroh kombiniert, ein buntes Gebäude entsteht vor unseren Ohren. Wir sind versucht, an die großartigen Zauberer oder so überaus erfinderischen Puppentheaterspieler zu denken, die aus wenigen Utensilien ein ganzes Universum zaubern. Es lohnt sich, sich bei diesem Satz immer daran zu erinnern, dass diese Vielfalt sich aus einem winzigen Samen entwickelt, und was für Welten durch die wunderbare Vorstellungskraft des menschlichen Geistes entstehen können. Zu alldem erinnert uns dieses zauberhafte Allegro daran, was eine der wesentlichsten Bestimmungen der Menschen ist: Einfach zu spielen.

Rhythmen

Rhythmen sind vielleicht die wesentlichste Grundlage menschlichen Lebens: das Pulsieren des Herzens, der Rhythmus des Ein und Ausatmens, in jeder Bewegung des Körpers wechseln sich Spannung und Entspannung ab.

Wir sprechen hier wohlgemerkt von den Rhythmen des Lebens, die sich wesentlich von Maschinenrhythmen unterscheiden. Die Rhythmen des Lebens sind geschmeidig. Der Puls steigt, wenn wir aufgeregt sind, der Atem passt sich den Herausforderungen an, denen wir uns aussetzen; er kann für Sekunden stocken, wenn wir erschrecken.

Auch hier ist Haydns Musik bahnbrechend. All diese Veränderungen, das Stocken wie das Beschleunigen des Atems, das leise wie das heftige Klopfen des Herzens, all diese Facetten des Lebens vermeinen wir in seiner Musik zu hören. Haydn komponierte nach dem Leben, seine Musik war «Spiegelung des Lebens auf einer höheren Ebene», um nochmals an dieses wunderbare Bild des großen Pianisten Edwin Fischer zu erinnern.

Wie wichtig Rhythmen im Leben Joseph Haydns waren, verrät die Tagesordnung, an die er sich in den letzten Lebensjahren hielt. Große Abwechslung zeichnete seinen Tagesrhythmus aus, vieles fand Platz in seinem Tagesplan. Die Morgenstunden widmete er der spontanen Kreativität, während er jene Arbeit, die Beharrlichkeit erforderte, am Nachmittag erledigte. Ich bin überzeugt, dass gerade ein Rhythmus wie Haydns Tagesplan Vielfalt ins Leben bringt. Haydns Planung sorgte dafür, dass jeder Tag abwechslungsreich wurde und dass jede Tätigkeit ihre Zeit hatte.

Dass dieser Tagesrhythmus für ihn eine elementare Kraftquelle war, erschließt sich in dem Text «Haydns Tagesordnung» von A. C. Dies, mit dem er seine Biografie beendet:

Haydns Tagesordnung
Die Verteilung der Stunden und die daraus entspringende Ordnung möchte einigen meiner Leser maschinenmäßig vorkommen. Wenn sie aber an die vielen Geistesprodukte denken, die aus Haydns Feder flossen, so werden sie gestehen, daß Haydn nur seine Zeit weise verwendet habe. Er hatte seinen Körper beobachtet und wußte, was er ihm zumuten dürfe. Müßig konnte er nicht sein, Abwechslung vergnügte ihn, Ordnung war ihm zur Natur geworden. So entstand seine Tagesordnung. Haydn stand in der wärmeren Jahreszeit um halb sieben Uhr auf und barbierte sich sogleich, welches er bis in sein dreiundsiebzigstes Jahr von keiner fremden Hand tun ließ. Dann kleidete er sich ganz an. War während dem Ankleiden ein Schüler gegenwärtig, so mußte derselbe die ihm aufgegebene Lektion auf dem Klavier spielen. Die Fehler wurden angemerkt, darüber grammatische Belehrung erteilt und dann eine neue Aufgabe für die nächste Lektion gegeben.
Um acht nahm Haydn sein Frühmahl. Gleich nachher setzte er sich an das Klavier und phantasierte so lange, bis er zu seiner Absicht dienende Gedanken fand, die er sogleich zu Papier brachte. So entstanden die ersten Skizzen von seinen Kompositionen.
Um halb zwölf nahm er Besuche an, oder er machte einen Spaziergang und gab selbst Besuche.
Die Stunde von zwei bis drei war zum Mittagessen bestimmt. Nach Tische nahm er immer eine kleine häusliche Beschäftigung vor, oder er ging in seine Bibliothek und nahm ein

Buch zum Lesen.
Um vier Uhr ging er wieder an die musikalische Beschäftigung. Er nahm dann die des Morgens entworfene Skizze und setzte sie in Partitur, wozu er drei bis vier Stunden verwendete. Um acht Uhr abends ging er gewöhnlich aus, kam aber um neun Uhr wieder nach Hause und setzte sich entweder zum Partiturschreiben, oder er nahm wieder ein Buch und las bis zehn Uhr. Die Zeit um zehn Uhr abends war zum Nachtessen bestimmt. Haydn hatte sich ein Gesetz daraus gemacht, abends nichts anderes als Wein und Brot zu genießen, welches er nur dann und wann übertrat, wenn er irgendwo zum Nachtessen eingeladen war.
Bei Tische liebte er ein scherzhaftes Gespräch und überhaupt eine muntere Unterhaltung.
Um halb zwölf Uhr ging er zu Bette, in seinem Alter auch noch später.
Die Winterzeit machte im ganzen keinen Unterschied in der Tagesordnung, als daß Haydn morgens eine halbe Stunde später aufstand; alles übrige blieb wie im Sommer. Im hohen Alter, vorzüglich in den letzten fünf bis sechs Jahren seines Lebens, zerstörten körperliche Schwäche und Krankheiten die oben beschriebene Ordnung. Der tätige Mann konnte sich endlich nicht mehr beschäftigen. Auch hatte er sich in dieser Epoche an eine halbstündige Nachmittagsruhe gewöhnt.

Wie wichtig diese Ordnung für Haydn war, führt G. A. Griesinger aus:

Aus der Menge seiner Kompositionen sollte man schließen, das Haydn sehr leicht gearbeitet haben müsse. Das war nicht der Fall. «Ich war nie ein Geschwindschreiber, und komponirte immer mit Bedächtigkeit und Fleiß. Solche Arbeiten sind aber auch für die Dauer, und einem Kenner verräth sich das sogleich aus der Partitur.»

Standuhr im Haydn-Haus

Wie groß ist für uns alle die Versuchung, uns in den Tätigkeiten, die uns am wichtigsten erscheinen, festzubeißen? Und wie befreiend kann ein Rhythmus sein, der uns jeden Tag wieder von neuem auffordert, eben dieses Allerwichtigste an diesem einen Tag wieder loszulassen?

Ein Leben in Jahreszahlen

1732 Am 31. März wird Joseph Haydn in Rohrau geboren.

1737 Haydn geht nach Hainburg, wird in die Familie des Schulrektors Johann Mathias Franck aufgenommen und erhält ersten Musikunterricht.

1740 Domkapellmeister Georg Reutter d. J. nimmt Haydn als Chorknaben an St. Stephan in Wien auf.

1746 Wegen Stimmbruchs wird Haydn aus dem Kapellhaus entlassen. Er verdient seinen Lebensunterhalt durch Unterrichten und bezieht ein Zimmer im Michaelerhaus, wo er den italienischen Opernkomponisten Nicola Porpora kennen lernt.

1755 Erste Streichquartette für Baron Carl Joseph Edler von Fürnberg.

1757–59 Etwa um diese Zeit wird Haydn Musikdirektor und Kammerkomponist des Grafen Ferdinand Maximilian Franz Morzin; erste Sinfonien.

1761 1. Mai: Haydn unterschreibt den Vertrag als Vizekapellmeister des Fürsten Paul Anton Esterházy in Eistenstadt (Kismarton).

1762 Fürst Nikolaus I. Esterházy tritt am 17. Mai die Nachfolge seines verstorbenen Bruders an.

1763 Am 12. September stirbt Haydns Vater in Rohrau. Im April 1764 reist Haydn in seinen Geburtsort, um mit der Familie den väterichen Nachlass zu regeln.

1765 Haydn beginnt ein Verzeichnis seiner Werke, den bis 1780 fortgeführten sogenannten «Entwurfkatalog». Komposition von Barytontrios. Seine frühen Quartett-Divertimenti erscheinen auch in Amsterdam und London im Druck und begründen den internationaen Ruf Haydns.

1766 Haydn wird nach dem Tod Werners am 3. März erster Kapellmeister und ist nun auch für die Kirchenmusik hauptverantwortlich.

1768 August: Brand in Eisenstadt, Haydns Wohnhaus wird zerstört, der Fürst lässt es auf seine Kosten wieder aufbauen. September: Eröffnung des Opernhauses in Esterháza mit Haydns Dramma giocoso «Lo speziale».

1773 September: mehrtägiger Besuch Kaiserin Maria Theresias in Esterháza. Aufführung der Oper «L'infedeltà delusa» und der Marionettenoper «Philemon und Baucis».

1776 Intensivierung des Opernbetriebs. Brand in Eisenstadt, Haydns Haus wird zum zweiten

Mal zerstört, der Fürst zahlt erneut den Wiederaufbau.

1778 Haydn verkauft sein Haus in Eisenstadt für 2000 Gulden und wohnt ab jetzt ständig in Esterháza.

1779 Die Sängerin Luigia Polzelli und ihr Mann werden in Esterháza engagiert. Haydn beginnt mit Luigia ein Verhältnis.

1781 Nach knapp zehnjähriger Pause im Quartettschaffen schreibt Haydn seine sechs Streichquartette op. 33 und veröffentlicht sie ein Jahr später.

1782 Erste Versuche, Haydn für Konzerte in London zu gewinnen.

1784 Endgültige Fertigstellung des Schlosses Esterháza mit zwei Theatern, Gästehäusern, Dienstwohnungen, Park mit Springbrunnen und Lusthäusern. Haydn feiert große Erfolge in Esterháza («Armida») und Wien (Neufassung von «Il ritorno di Tobia»).

1785 Januar: Haydn hört bei Mozart in Wien die ihm gewidmeten Quartette.

1789 Beginn der Freundschaft mit Marianne von Genzinger.

1790 28. September: Tod des Fürsten Nikolaus Esterházy. Sein Nachfolger, Fürst Paul Anton II., entlässt die Kapelle. Haydn bleibt ohne Dienstverpflichtung nominell im Amt und übersiedelt nach Wien. Dezember: erste Englandreise.

1791 2. Januar: Ankunft in London. Haydn genießt hohe Anerkennung bei der königlichen Familie, beim Adel und reichen Bürgern. Im Juli lernt er Rebecca Schröter kennen, mit der ihn eine tiefe Freundschaft verbindet. Er komponiert u. a. die erste Gruppe der «Londoner Sinfonien» (91–98), die Oper «L'anima del filosofo ossia Orfeo ed Euridice» und bearbeitet schottische Volkslieder.

1792 Juli: Rückreise über Bonn (Treffen mit Beethoven) und Frankfurt (Kaiserkrönung Franz II.). November: Beethoven wird Schüler Haydns in Wien.

1793 Komposition der Sinfonie 99 und der Streichquartette op. 71 und 74 («Apponyi-Quartette»). Im August kauft sich Haydn ein Haus in Gumpendorf (Kleine Steingasse 71, heute Haydngasse, 6. Bezirk), das er aber erst 1796 bezieht.

1794 Januar: zweite Englandreise, 4. Februar: Ankunft in London. 22. Januar: Fürst Paul Anton Esterházy stirbt, sein Nachfolger Fürst Nikolaus II. beabsichtigt, die Hofkapelle wieder aufzubauen. Haydn feiert noch größere Erfolge als bei der ersten Englandreise. Er vollendet die restlichen «Londoner Sinfonien» (100–104) sowie bedeutende Klaviertrios und Klaviersonaten.

1795 August: Rückreise Haydns nach Wien über Hamburg.

1796 Haydn erhält den Auftrag,

jährlich zum Namenstag der Fürstin Hermenegild eine Messe zu schreiben. Es entstehen die «Heiligmesse» und die «Paukenmesse», bis 1802 noch weitere vier Messen. Ende des Jahres beginnt Haydn mit der Komposition der «Schöpfung».

1797 12. Februar: Zum Geburtstag Kaiser Franz II. wird im Hofburgtheater erstmalig die Kaiserhymne gesungen.

1799 Streichquartette op. 77, Beginn der Komposition der «Jahreszeiten».

1800 20. März: Tod von Haydns Frau Maria Anna in Baden bei Wien. September: Besuch von Admiral Nelson in Eisenstadt.

1801 24. und 27. April, 1. Mai: Aufführung der «Jahreszeiten» im Palais Schwarzenberg, 5. Mai: Haydn setzt sein erstes Testament auf.

1803 Arbeit am letzten, unvollendet gebliebenen Streichquartett op. 103. Letzter Sommeraufenthalt in Eisenstadt. 26. Dezember: letzter aktiver öffentlicher Auftritt Haydns, bei dem er eine Wohltätigkeitsaufführung der «Sieben Worte» im Redoutensaal dirigiert.

1804 April: Haydn wird Ehrenbürger der Stadt Wien. Sein Kopist und Diener Johann Elßler beginnt ein Werkverzeichnis und einen Katalog der Musikbibliothek Haydns anzulegen.

1805 10. Mai: Tod des Bruders Johann in Eisenstadt.

1806 10. August: Tod des Bruders Michael in Salzburg.

1808 27. März: letzter öffentlicher Auftritt Haydns: Er besucht in der Aula der Universität die anlässlich seines 76. Geburtstages stattfindende Aufführung der «Schöpfung» in italienischer Sprache.

1809 7. Februar: Haydn setzt sein letztes Testament auf.
9. April: Österreich erklärt Frankreich den Krieg.
13. Mai: Französische Truppen unter Napoleon besetzen Wien.
31. Mai: Tod Haydns.
1. Juni: Beisetzung Haydns auf dem Hundsthurmer Friedhof.
15. Juni: Requiem in der Schottenkirche mit einer Aufführung von Mozarts «Requiem».

Werkverzeichnis

Gesicherte Werke Joseph Haydns:

107 Sinfonien
14 verschiedene Orchesterwerke
25 Tänze und Märsche für Orchester
17 Konzerte für Streich- und Blasinstrumente
32 Divertimenti etc. für vier oder mehr Streich-/Blasinstrumente
68 Streichquartette
21 Streichtrios
126 Barytontrios und 33 Werke für ein bis zwei Barytone
17 Werke/Kammermusik für zwei bis drei Streich-/Blasinstrumente
13 Werke für 2 Lire Organizzate
15 Konzerte für Tasteninstrumente
29 Klaviertrios
47 Klaviersonaten und 8 weitere verschiedene Klavierwerke
52 einstimmige Lieder mit Klavierbegleitung
25 verschiedene Vokalwerke mit Klavierbegleitung
11 Werke für Flötenuhr
6 oratorische Werke
14 Messen
26 dramatische Werke (Opern, Singspiele, ...)
398 Volksliederbearbeitungen (britische Volkslieder)
zahlreiche kirchenmusikalische Werke, Kantaten, Chöre

Bibliografie, Bildnachweis

Bibliografie:

Meister Eckehart: «Deutsche Predigten und Traktate» Zürich, 1993
Hazrat Inayat Khan: «Vom Glück der Harmonie» Heilbronn, 1995
Marshall B. Rosenberg: «Gewaltfreie Kommunikation» Deutsche Ausgabe, 2001
Rainer Maria Rilke: «Der göttliche Trost ist im Menschlichen» Frankfurt am Main, 2006
Edwin Fischer: «Musikalische Betrachtungen» Wiesbaden, 1952
Mihaly Csikszentmihalyi: «Kreativität» Stuttgart, 1997
H. C. Robbins Landon: «Joseph Haydn. Sein Leben in Bildern und Dokumenten» Wien, 1981
Albert Christoph Dies: «Biographische Nachrichten von Joseph Haydn» Wien, 1810
Georg August Griesinger: «Biographische Notizen über Joseph Haydn» Leipzig, 1810
Giuseppe Carpani: «Haydn: Sein Leben» Deutsche Erstübersetzung Salzburg, 2009

Bildnachweis:

Haydn Festival Eisenstadt: S. 6, 11, 18, 28, 32, 47, 48, 52, 59, 70, 73, 74, 115
Silvia Fembek: S. 15
Erwin Huber: S. 21
Monika Boldrin: S. 87
Hansjörg Kapeller: S. 97, 101, 106, 109, 110, 112
Claudia Christa: S. 57
Klaus Christa: S. 2, 38, 51, 55, 57, 67, 84, 91

Danksagung, Mangaung String Programme

Dank:

Sich zum Abschluss eines Buchprojekts bei einem Konzertpublikum zu bedanken ist sicher eher ungewöhnlich und doch ist es in diesem Falle angemessen: Das Abenteuer «musik in der pforte» begleitet mein Leben nun zwölf Jahre. Dieses Buch ist die Frucht dieses intensiven und schönen Miteinanders mit unserem fantastischen Publikum, mit all jenen Menschen, die klassische Musik als elementare Bereicherung mit uns teilen. Ein tief empfundener Dank gehört meinem Freund Walter Mätzler – sein Rat, seine Fragen, Ermutigungen und Korrekturen haben entscheidend zum Werden dieses Buches beigetragen. Dank gebührt auch Theresia Ludescher, die als wunderbare Grafikerin dem Buch ein menschliches Gesicht geben konnte, auch hier war das Miteinander eine Freude und Inspiration. Danken möchte ich Peter Natter, der mit seiner Ruhe und seinem Wohlwollen Mut gemacht hat zu diesem Buch. Der größte Dank gilt meiner Frau Claudia und meinen Töchtern Tabea, Lea, Miriam, Iris und Noemi: Bücher wie dieses können nur in einem Klima der Liebe und des Respektes entstehen, in einem Klima, das Lust machte, den menschlichen Menschen Joseph Haydn zu entdecken und zu würdigen.

Mangaung String Programme:

1.- Euro vom Verkaufserlös jedes Buches kommt dem Mangaung String Programme in Südafrika zugute. Als der amerikanische Kontrabassist Peter Guy vor 14 Jahre dieses Programm für unterprivilegierte Kinder in den Townships von Bloemfontein ins Leben rief, konnte niemand ahnen, dass das Mangaung String Programme sich zu einem der erfolgreichsten kulturellen Hoffnungsprojekte in den Townships Südafrikas entwickeln würde. Das Bochabela String Orchestra, das Aushängeschild des Programms, hat bereits zwei umjubelte Europatourneen absolviert. Dieses blühende Streicherprogramm gibt über 400 jungen Schwarzen und Farbigen Heimat, Hoffnung und manchen eine Berufsperspektive.

Infos über das Bochabela String Orchestra und das Mangaung String Programme unter www.pforte.at

Ein Leben in Quartetten

Zugegeben: Haydns Leben anhand dreier exemplarischer Werke zu durchschreiten, ist ein kühnes Unterfangen. Haydn, der Vater des Streichquartetts, hat über siebzig Werke dieser Gattung hinterlassen: Er hat das Streichquartett geboren, liebevoll aufgezogen und durch das reife Erwachsenenalter begleitet.

Es lag nahe, mit dem Streichquartett op. 9/4 in d-Moll, Hob. III: 22, zu beginnen, mehrere Überlegungen führten zu dieser Wahl. Als sein Schüler Ignaz Pleyel Haydn um ein Werkverzeichnis bat, entschied er sich, die Zählung seiner Quartette bei op. 9 beginnen zu lassen. Seine Quartette op. 1 und 2 zählte er im Alter nicht mehr zu den vollgültigen Quartettkompositionen. Für uns war klar, sein «Leben in Quartetten» dort zu beginnen, wo es für ihn selber begann.

Dieses d-Moll Quartett ist in mehrerlei Hinsicht herausragend. Es ist das subjektivste, dramatischste Werk dieser Sechsergruppe, hier schreibt ein dramatischer Komponist des Sturm und Drang in der Nachfolge Carl Philipp Emanuel Bachs.

Geheimnisvoll und aufgewühlt beginnt Haydn das Werk. Im Hauptthema des 1. Satzes vermeinen wir gar Beethovensche Dramatik zu hören. Das Menuett bringt uns ebenfalls den Dramatiker Joseph Haydn nahe: Schroff, ernst und aufwühlend packt uns diese Musik. Viele Pausen, in denen der ringende Mensch Atem holt, zerklüften den Menuettteil zu einer bizarren Klanglandschaft. Im Trio begegnen wir dem anderen Gesicht Haydns. Lieblich ist der Tonfall und wir bekommen schon eine Kostprobe des Haydnschen Humors – Cello und Viola schweigen. Die beiden Geigen tragen ein durchgehend vierstimmiges Stück vor, ein Streichquartett für zwei Geigen sozusagen.

Das folgende Adagio ist ein einziges Liebeslied. Die Arie, die sich in der 1. Violine entfaltet, gehört zu den zärtlichsten Gesangsszenen der ganzen Streichquartettliteratur, ein instrumentales Liebeslied von einzigartiger Schönheit. Ein fugiertes Finale beendet dieses Meisterwerk mit ernstem Schwung.

Die Frage, welches Werk die Fülle der Lebensmitte darstellen sollte, war am schwierigsten zu entscheiden. Op. 50 ist die vielleicht experimentellste Sechsergruppe von Haydns Lebensmitte. Zudem sind die Quartette op. 50 seine musikalische Antwort auf die sechs Quartette, die Mozart ihm gewidmet hatte. Op. 50/1, Hob. III: 44, ist innerhalb der Gruppe ein ganz besonderes Werk. Poesie, Witz, unglaubliche Erfindungsgabe und Kühnheit, all diese Tugenden vereinen sich darin. Das Quartett zeichnet ein riesiges Spektrum menschlicher Empfindungen, ist originell und innovativ. Wir lernen in diesen Tönen den ganzen Joseph Haydn kennen.

Die Tatsache, dass der Kopfsatz exemplarisch den Höhepunkt einer 50-jährigen Entwicklung darstellt, sprach dafür, den Lebensbogen mit op. 76/1, Hob. III: 75, in G-Dur zu beschließen. Es ist ein bezauberndes musikalisches Manifest in der Nachfolge der französischen Revolution. Der langsame Satz zeigt berührend, zu welchem Tiefgang Haydn fähig war. Das Menuett ist ein mitreißendes Beispiel eines Haydnschen Scherzos und der Schlusssatz zeigt uns die leidenschaftliche Seite seiner Persönlichkeit, aber auch seinen Witz.

Haydn aufnehmen

Die Frage, was die Interpretation eines Kammermusikwerkes im Idealfall leisten kann, beantwortet sich für mich im Falle Haydns glasklar: Sie kann für den Reichtum, die Vielschichtigkeit und Lebendigkeit seiner Musik werben.

Es gibt Stücke, die jeder Art von Fehldeutung widerstehen, sie sind «interpretationsresistent». Haydns Kammermusikwerke sind zauberhaft, originell und lebendig, sie haben nur einen Haken: Sie wollen von den ausführenden MusikerInnen wirklich gelesen werden, sie wollen gedeutet, gelebt und erlebt werden. Und dabei wollen sie möglichst nicht nach den «Interpreten», sondern vielmehr nach sich selbst klingen. Haydn war äußerst sparsam mit Aufführungshinweisen, er verließ sich auf das Verständnis seiner Interpreten. Oft schreibt er über weite Strecken keine dynamische Differenzierung. Er lädt uns ein, genau hinzusehen, mitzudenken, mitzufühlen. Wenn wir ihm geduldig folgen, wenn wir uns die Zeit nehmen, die nötig ist, um ihm näherzukommen, dann ist die Ernte für Interpreten und Zuhörer überwältigend.

Wenn wir uns als Interpreten auf ein Musikstück einlassen und unsere Liebe zu diesem Werk entflammt, dann bekommt das Wort «Interpretation» überhaupt erst Sinn und Berechtigung. Das Geliebte will in Schallwellen übertragen werden. Dieser Schritt hat für mich eine magische Dimension. Mit dem Spielen auf unseren Instrumenten übertragen wir überlieferte Ideen in wirkliche Klänge. Bei den Tonhöhen und Tonlängen befinden wir uns noch auf relativ sicherem

Boden, aber was ist mit der Empfindung, mit dem seelischen Gehalt einer Stelle? Hier ist Einfühlung gefordert, wir müssen uns einlassen und im Prozess der Einfühlung immer mehr loslassen. In diesen Prozessen verstecken sich aber auch die größten Glücksmomente des Interpreten. Immer wieder entfalten sich Augenblicke, in denen uns die Schönheit der erklingenden Musik überwältigt. Das Spielen fühlt sich in diesen Augenblicken merkwürdig passiv an. Ich habe dann das Gefühl, nichts zu tun, selbst Zuhörer zu sein und mit dem Publikum das Ungeheuerliche zu teilen.

Unser Suchen auf diesem Weg war geprägt von vielen Herausforderungen. Der Klang sollte warm und menschlich sein und doch genug Raum lassen für die dem Werk innewohnenden Strukturen und die Schönheiten. Das Spiel sollte natürlich und ohne jede Pose sprechen, es sollte reich und lebendig klingen, ohne alles Gewollte. Schriftliche Quellen über die damalige Musizierpraxis und Musizierphilosophie oder das Wissen um das klassische Instrumentarium – all diese Teile bilden ein Puzzle, das wir als Musiker immer wieder zusammensetzen. Die Arbeit des Interpreten ähnelt der des Detektivs, wobei unsere inneren Empfindungen ebenso wichtige Erkenntnisinstrumente sind wie all das Wissen und intellektuelle Verstehen.

Je länger ich mich auf dem Weg des ausübenden Musikers befinde, desto mehr rücken für mich die Resultate, die geglückte CD oder die überzeugende Aufführung in den Hintergrund. Der Prozess, der Weg zum Ergebnis in seiner Abenteuerlichkeit und Schönheit wird immer wichtiger für mich: Höhen und Tiefen, Momente des Glücks und der Traurigkeit und vor allem die tausend Überraschungen, wenn das Leben ganz anders spielt als vorhergesehen, fügen sich zu einem bunten, lebendigen Bild.

Was bleibt, sind viele kostbare Erinnerungssplitter. Während der Aufnahme mischte sich einmal ein Vogel von draußen in das Haydnsche Lied ein. Als dann unsere Töne verklungen waren, blieb der wunderschöne Gesang des Vogels wie ein herrlich improvisierter Nachklang übrig. Denkwürdig war der «Einstieg» von der Kirche in den Abhörraum. Er war richtig abenteuerlich, fast schon eine kleine Kletterpartie war zu bewältigen, um die Takes abzuhören. Der stille Frieden, der abends in der Kirche herrschte, machte das Spielen des Adagios op. 76/1, Hob. III: 75, zu einem unvergesslichen Erlebnis. Wenn ich seither an diesen Satz denke, taucht der nächtlich beleuchtete Kirchenraum vor mir auf, eine herrliche Musik wurde durch ein starkes Bild bereichert.

Ich möchte mich hier bei all den Menschen bedanken, mit denen ich diese Erfahrung teilen durfte: Bei meinen MusikerkollegInnen, Christine, Friedemann und Brigitte, die sich mit Hingabe und großer Inspiration auf dieses Projekt eingelassen haben. Denn Quartettspielen heißt vor allem: Angewiesensein auf seine MitmusikerInnen. Es war schön, sich so aufgehoben zu fühlen in einer Gruppe. Mein aufrichtiger Dank gilt unserem Aufnahmeleiter Conradin Brotbek: Was für ein Luxus, einen so inspirierten und inspirierenden Musiker im Aufnahmeraum zu wissen! Vladimir Melinka war auch weit mehr als ein Tontechniker; zwei feinfühlige Musiker teilten sich das Aufnahmepult und halfen, den richtigen Tonfall zu finden. Pater Kolumban und seinem Team gilt unser Dank für die herzliche, unaufdringliche Betreuung, die es uns leicht machte, uns auf die musikalischen Herausforderungen zu konzentrieren.

Mein abschließender herzlicher Dank gilt all jenen Menschen, die zwar nicht auf der Aufnahme zu hören sind, die aber durch ihre Liebe und ihr Verständnis jenen, die vor und hinter den Mikrofonen sitzen, den Raum für das ungeheure Abenteuer Interpretation schaffen: All unseren PartnerInnen und Kindern, jenen geliebten Menschen, die unser Leben so reich und tief machen und dadurch letztendlich unser Musizieren nähren.

Klaus Christa

Interview mit Christine Busch
1. Violine, epos:quartett

Wie bereichert die Musik Haydns dein Leben?

Ich freue mich, wenn ich an Haydn denke. Sein musikalischer Kosmos erschließt sich mir immer weiter, je mehr Werke ich kennenlerne. Er wird mir überhaupt nicht mehr langweilig, seit ich die Erfahrungen mit der historisch informierten Aufführungspraxis gemacht habe. Am schönsten ist es natürlich, Haydn selbst zu spielen und in die Tiefe seiner Werke einzutauchen.

Gibt es etwas, was dich an den Quartetten Haydns besonders fasziniert?

Seine unerschöpfliche Vorstellungskraft, sein feiner Humor und seine wunderbar meditativen langsamen Sätze, die ich natürlich in den «Sieben letzten Worten» ganz besonders konzentriert erlebt kann.

Wie unterscheiden sich die Haydn-Quartette deinem Empfinden nach von den anderen Klassikern?

Haydns Quartette bilden für mich vielleicht eine Mitte zwischen den unglaublich durchgearbeiteten Quartetten Mozarts und den eher fließenden Quartetten von Boccherini und Joseph Martin Kraus. Boccherini und Kraus empfinde ich oft wie eine schöne Reise durch eine (Klang-)Landschaft, dieses Gefühl gibt es bei Haydn für mich auch, aber Haydn kommt mir dann oft doch noch balancierter, origineller, durchdachter vor. Und Haydn fühlt sich beim Spielen eher etwas natürlicher an als Mozart. Ganz besonders interessant ist natürlich Haydns Entwicklung über eine so lange Zeit mit so vielen Werken! Ich denke jetzt gerade auch an die Streicher-Sonaten von Rossini, die ich auch aufgenommen und mit großer Freude gespielt habe und immer noch sehr gerne manchmal höre. Die würde ich auch noch als «klassische» Quartette bezeichnen, obwohl die Besetzung ja aus zwei Geigen, Cello und Kontrabass besteht (und mit der häufigen Abwechslung der zwei Geigen als «Primadonnen» an Stücke der Mannheimer Schule erinnert) – da kommt dann viel Witz und natürlich auch italienische Opernhaftigkeit ins Spiel, die ich liebe. Haydn bietet aber eher mehr dramatische Tiefe und natürlich mehr Vielseitigkeit.

Ist das Aufnehmen von Haydn-Quartetten eine andere Erfahrung als bei anderen Komponisten?

Ich empfinde das Aufnehmen immer als eine große und auch schwere Herausforderung und will mich eigentlich immer eher davor drücken ... Wenn man etwas halbwegs Ideales hinbekommen möchte, steht man doch unter Dauerstress, auch wenn man mehr Chancen hat als im Konzert. Weil die erste Geigenstimme aber technisch nicht so schwer ist wie z.B. bei Rossini oder im Mendelssohn-Oktett, das ich auch aufgenommen habe, konnte ich bestimmt etwas entspannter spielen als damals, und ich habe auch sehr viele Momente unserer Aufnahmen als musikalische Unterhaltung genießen können. Wir hatten ja nicht alles bis ins letzte Detail geprobt und auch in den Konzerten viel Raum für Spontanes gelassen. Und wir haben dann versucht, diese Freiheit nicht als Behinderung für eine perfekte Aufnahme zu sehen, sondern als Freiraum in die Aufnahmen zu integrieren.

Die drei Quartette der CD markieren drei Entwicklungspunkte in Haydns Leben, wie erlebst du diese Unterschiede?

Im d-Moll-Quartett op. 9 höre ich noch viel «Sturm und Drang»

und empfindsamen Stil im ersten und im letzten Satz, es erinnert mich an die Musik Carl Philipp Emanuel Bachs, auch ein wenig an Boccherini. Der zweite Satz ist eine wunderschöne italienische Arie, die viel Wärme ausstrahlt und der ersten Geige den Primadonna-Part überlässt.

Das B-Dur-Quartett war für mich die Entdeckung! Ich liebe den impressionistischen Beginn des ersten Satzes und das wunderbare Fließen, das Spiel mit Triolen und die Balance der motivischen Arbeit. Variationen-Sätze mag ich sowieso besonders und das ganze Quartett zeigt natürlich eine noch größere Gleichberechtigung und auch Selbständigkeit aller vier Instrumente.

Das G-Dur-Quartett op. 76 ist natürlich ein besonderer Wurf. Der erste Satz versprüht einfach gute Laune pur, jedes Instrument darf sich buchstäblich selbst vorstellen und alles fügt sich zu einem ganz besonders harmonischen Ganzen. Der langsame Satz hat für mich die vollendete meditative und transzendente Qualität der «Sieben letzten Worte», und gibt mir damit sehr viel.

Gibt es an der Person Haydn etwas, das dich speziell anzieht, fasziniert?

Ich finde es erstaunlich, dass Haydn so lange Diener war. Das ist für mich als moderne, freie Bürgerin eine sehr befremdende Vorstellung. Schön, dass er am Ende seines Lebens dann frei war und international so erfolgreich! Ich spüre durch seine Musik Wärme, Gutherzigkeit, Humor und Unkompliziertheit seiner Persönlichkeit. Es tut mir leid, dass seine Ehe so wenig glücklich war. Umso erstaunlicher ist es, dass dadurch offenbar keine größere Verbitterung entstanden ist, die seine Musik gestört hätte!

Gibt es etwas Bestimmtes, das man beim Spielen von Haydn-Quartetten lernt?

Ich finde, es ist fast bei jeder Musik eine Herausforderung, eine ganz persönliche und technisch nahezu ideale Interpretation zu entwickeln. Aber Haydn bietet einen großen Freiraum, weil die Noten bei weitem nicht so sehr z.B. mit Dynamik und anderen Spielanweisungen bezeichnet sind wie bei späteren Komponisten. Die Entwicklung einer Interpretation kann schwerfallen, wenn man noch nicht so viel Erfahrung und Vorstellungskraft hat. Auf der anderen Seite ist es sehr reizvoll, diesen Freiraum zu haben und nutzen zu können, sich beim Üben und Spielen inspirieren zu lassen, im Quartett zu diskutieren.

Fällt dir eine Besonderheit daran auf, wie Haydn für dein Instrument schreibt?

Wie gesagt, fühlt es sich eher etwas natürlicher an als bei Mozart, aber sonst kann ich darüber nichts sagen. Es gibt immer mal wieder auch unbequeme Stellen, aber insgesamt ist ein Spaß, Haydn zu spielen!

epos:quartett

Das epos:quartett ist ohne Zweifel ein interessantes Kammermusikprojekt. Vier starke Musikerpersönlichkeiten mit eigenständigen Musikerkarrieren treffen sich, um sich einer gemeinsamen Leidenschaft hinzugeben: dem Kammermusikspiel rund um die Streichquartettbesetzung.

Wenn Christine Busch, Friedemann Wezel, Klaus Christa und Brigitte Fatton zusammenkommen, um ein neues Programm zu erarbeiten, dann entwickeln sich in einem harmonisch ablaufenden Prozess die klanglichen Strukturen eines Kammermusikwerkes, so dass aus einem Notentext ein lebendiges, unverwechselbares Klangbild entsteht. Die langjährige Kammermusikerfahrung der vier Musiker macht es möglich: In kurzer Zeit entsteht eine spannende, homogene Interpretation des Notentextes. Vieles trägt dazu bei, dass dies so möglich ist: ein rücksichtsvolles, respektvolles Miteinander, intensive persönliche Vorbereitung auf die gemeinsamen Proben, die Bereitschaft, eine Idee zugunsten einer anderen zu verwerfen, Entdeckergeist, rasches Reaktionsvermögen, die Auseinandersetzung mit dem Wissen um die historischen Gegebenheiten, große geistige Wachheit und immer wieder das Vertrauen in das größere Ganze, in dem der Einzelne bereit ist, sich aufzulösen, damit etwas Neues entstehen kann, das mehr ist als seine Teile.

Christine Busch, Violine
Friedemann Wezel, Violine
Klaus Christa, Viola
Brigitte Fatton, Violoncello

Die Musikerinnen und Musiker

Christine Busch
Violine

Studierte als Stipendiatin der Studienstiftung des Deutschen Volkes und des DAAD bei Rainer Kussmaul in Freiburg, in Wien bei Boris Kuschnir und in Winterthur bei Nora Chastain und wirkte schon in dieser Zeit beim Concentus Musicus Wien (Nikolaus Harnoncourt), beim Chamber Orchestra of Europe (Claudio Abbado) und beim Freiburger Barockorchester mit. Seitdem war sie als Solistin und Kammermusikerin sowohl mit der «modernen» als auch mit der «Barock»-Geige gleichermaßen erfolgreich in Konzerten auf Festivals in Europa, in den USA, in Japan und in Australien zu hören. Als Konzertmeisterin arbeitete sie gerne mit Philippe Herreweghe und Thomas Hengelbrock zusammen. Sie wurde regelmäßig

als Gastleiterin zur Camerata Bern eingeladen. CDs hat sie eingespielt, u. a. für harmonia mundi france, Dabringhaus und Grimm und cpo mit Ensembles wie der Akademie für Alte Musik Berlin, der Camerata des 18. Jahrhunderts, der «Salzburger Hofmusik» und dem Ensemble Explorations. Ab 1997 unterrichtete sie als Professorin an der Hochschule der Künste Berlin und folgte dann im Jahr 2000 einem Ruf an die Hochschule für Musik und Darstellende Kunst nach Stuttgart.

Friedemann Wezel
Violine

Erhielt seine Ausbildung in Wien und Würzburg, wo er sein Konzert- und Solistendiplom mit Auszeichnung ablegte. Wesentliche Impulse erhielt er dabei von Künstlerpersönlichkeiten wie Erich Höbarth (Wien), Roland Baldini (Leipzig), Sandor Vegh (Salzburg), Franco Gulli (USA) und Max Speermann (Würzburg). Er war langjähriges Mitglied der «Jungen Deutschen Philharmonie», hat sich aber inzwischen vor allem als Kammermusiker und Spezialist für Alte Musik einen Namen gemacht. 1998 gründete Friedemann Wezel als künstlerischer Leiter das Kammerensemble «il capriccio». Als weiteren Teil seines Engagements für den Streichernachwuchs in der Region Unterfranken initiierte er eine neue «Streicherakademie il capriccio». Zusammen mit Kristian Nyquist interpretiert Friedemann Wezel im Duo «il capriccio» die Violinsonatenliteratur von Frühbarock bis Romantik auf historischen Instrumenten. Neben seiner künstlerischen Tätigkeit (seine Einspielung des d-Moll Violinkonzerts von Felix Mendelssohn wurde von der Fachpresse ausgezeichnet), gibt Friedemann Wezel als Gastdozent der Jeunesses Musicales regelmäßig Kammermusikkurse sowie Workshops für Historische Aufführungspraxis auf modernem wie historischem Instrumentarium. Im Jahr 2006 erhielt er einen Ruf als Professor für Violine an die Hochschule für Musik

«Felix Mendelssohn-Bartholdy» Leipzig und leitet dort seit 2008 die Nachwuchsförderklasse der Hochschule. Friedemann Wezel spielt eine Violine von Carlo Guiseppe Testore aus dem Jahre 1703.

Klaus Christa
Viola

Studium in Wien und Hannover bei Hatto Beyerle. Weitere Studien bei Wolfgang Klos und Gerard Causse folgten. Als Kammermusiker wichtige Impulse durch Hatto Beyerle, Klaus Mätzl und Walter Levin. Klaus Christa war als Solobratschist im Sinfonieorchester St. Gallen tätig. Seit 1995 Professur für Viola und Kammermusik am Vorarlberger Landeskonservatorium. Als Kammermusiker u. a. Zusammenarbeit mit Karl Leister, Norbert Täubl, Hansheinz Schneeberger, Ivry Gitlis, Priya Mitchell, Rainer Honeck und dem Vertavo String Quartet. Er trat als Kammermusiker und Solist im Wiener Konzerthaus, bei der Schubertiade Feldkirch, den Bregenzer Festspielen auf, zahlreiche Rundfunkmitschnitte für den ORF dokumentieren seine Arbeit. Als Interpret für neue Musik arbeitete er mit KomponistInnen wie Sofia Gubaidulina und George

Crumb intensiv zusammen, zahlreiche Uraufführungen, u. a. bei den Bregenzer Festspielen. Zusammen mit Thomas Engel hat Klaus Christa sich als Gründer und künstlerischer Leiter von «musik in der pforte», einer innovativen, erfolgreichen Konzertreihe, profiliert. Er war mehrere Jahre Faculty member beim Stellenbosch Chamber Music Festival, Südafrika. Klaus Christa ist Mitglied des epos:quartetts. 2008 erhielt er für seine Leistungen die Fördergabe des Landes Vorarlberg. Er engagiert sich in den letzten Jahren immer stärker für das Mangaung String Programme in Südafrika.

Brigitte Fatton
Violoncello

Sie wurde in Biel geboren. Studium in Biel bei Conradin Brotbeck und an der Musikakademie Basel bei Antonio Meneses. Weitere Studien bei William Pleeth in London und an der Guildhall School of Music & Drama in London bei Oleg Kogan und David Takeno (Streichquartett). Abschluss mit dem «Master of Music». Als Mitglied des Tate Quartetts erhielt sie zudem das begehrte «Concert Recital Diploma». Mehrere 1. Preise an Solo- und Kammermusikwettbewerben. Studienpreisträgerin des Migros Genossenschaftsbundes und der Kiefer Hablitzel Stiftung. Wichtige Impulse durch das Melos- und Takacs Quartet und Sir Colin Davis. Erhielt 2001 ein Fellowship der Guildhall School of Music&Drama London. Organisierte u. a Projekte wie die «Silk Street Haydn Series», Mittagskonzerte mit Haydn-Quartetten in der City of London und eine Gesamtaufführung «Hommages à Paul Sacher». Solistische Auftritte u. a. mit dem Sinfonie Orchester Biel und der Südböhmischen Kammerphilharmonie Budweis. Rege Kammermusiktätigkeit in verschiedenen Formationen in ganz Europa. Orchestertätigkeit mit dem London Symphony Orchestra, dem New European String Chamber Orchestra und dem Zürcher Kammerorchester. Brigitte Fatton ist seit 2009 als stellvertretende Solocellistin im Sinfonie Orchester Biel engagiert.

epos:quartett

Joseph Haydn (1732–1809): Streichquartette

op. 76/1, G-Dur, Hob. III: 75 (1797)

1	9:11	Allegro con spirito
2	6:27	Adagio sostenuto
3	2:34	Menuet, Presto
4	6:36	Finale, Allegro ma non troppo

op. 9/4, d-Moll, Hob. III: 22 (1768/69)

5	8:42	Moderato
6	4:33	Menuet
7	5:40	Adagio cantabile
8	4:22	Finale, Presto

op. 50/1, B-Dur, Hob. III: 44 (1787)

9	9:58	Allegro
10	7:12	Adagio
11	3:06	Menuetto, Poco allegretto
12	4:44	Finale, Vivace

AL 201102

Recorded 04-2011
Propstei St. Gerold, Austria

LC 27082 SUISA ®

CD im Buch

Wenn wir das Leben von einem philosophischen Standpunkt aus betrachten, erkennen wir, dass jeder Mensch eine Note in dieser Symphonie des Lebens entspricht; dass wir alle diese Symphonie des Lebens schaffen, indem ein jeder die Musik beiträgt, die zu dieser Symphonie nötig ist. Aber wenn wir unseren eigenen Anteil in dieser Lebenssymphonie nicht kennen, dann ist es so, als ob eine der vier Saiten einer Violine nicht gestimmt ist und darum nicht die Musik hervorbringen kann, die sie sollte. So sollen wir jenen Teil hervorbringen, für den wir geboren wurden. Wenn wir nicht das beitragen, was wir sollten, sind wir nicht in Übereinstimmung mit unserer Bestimmung. Nur wenn wir jenen bestimmten Teil spielen, der zu uns gehört, werden wir Befriedigung finden.

Hazrat Inayat Khan

Klaus Christa, Autor

geboren in Bregenz, lebt in Vorarlberg. Neben seiner Unterrichtstätigkeit am Vorarlberger Landeskonservatorium leitet er zusammen mit Thomas Engel die erfolgreiche Kammermusikreihe «musik in der pforte». Er ist Mitglied des epos:quartetts und ein gesuchter Kammermusikbratschist.